子どもも親もつなぐ
学童保育クラブ通信

学童保育の生活を伝える

埼玉県 原市場学童保育指導員
河野伸枝
Kouno Nobue

高文研

はじめに

学童保育数は、現在、全国で二万八四三カ所、八四万六九一九人（二〇一二年全国学童保育連絡協議会実施状況調査）の子どもたちが学童保育を利用しています。学童保育を利用する家庭は毎年増え続け、今や、働きながら子育てする親にとっては、なくてはならない場所となってきました。

学童保育は、保育園のように始めから児童福祉法に制度が位置づけられていたわけではありません。働きながら子育てをする親たちが「子どもを産んで育てながらも働き続けたい」「我が子には、仲間とつながりながら安全で安心のある豊かな放課後の生活を過ごしてほしい」という、親として当然に持つ願いから、学童保育は生まれました。

私の勤務する学童保育「原市場かたくりクラブ」も一九九〇年、まだ原市場小学校区に学童保育がなく、数人の子どもたちが、放課後バスに乗って他の学童保育に通っていました。そこで、働きながら子育てをする親たちの声が束となって、学童保育のつくり運動が始まりました。私もこの学童保育のつくり運動に携わりました。働きながら子育てをする親たちは、仕事の合間に幼い我が子の手を引きながら、土地や空き地を探しました。

働く親たちが自分たちでお金を出し合って、やっと開所した時には、小さなプレハブの空っぽの箱があるだけでした。私は、朝出勤する時に自宅のじゅうたんやテーブルを車に乗せられるだけ乗せて運び、帰る時にそれを家に持ち帰る日々でした。

物がないことも不便でしたが、何より不安なことは、日々の保育でした。私は、幼稚園教諭のわずかな経験があったものの、学童保育のことを話してくれる先輩指導員もそばにおらず、まだその頃は学童保育の保育指針やテキストも何もなく、ノウハウを持たない中でスタートしました。「子どもが安全で安心できる放課後の生活を保障する」学童保育の役割を果たすべく、先の見えないまま、手探りで目の前の子どもたちと関わる日々でした。

学童保育指導員になりたての頃は、来る日も来る日も子どもと遊び、ぶつかり、話し合い、一日の仕事を終えて家に帰り着くと、心身ともに疲れ果てていました。「こんなに疲れ果ててはいるけれど、今日私はいったい何をしていたのだろう？」子どもたちとの悪戦苦闘の日々の中で、「生活を保障するということとは？」と学童保育指導員としての仕事の意味や価値を見出せず、悶々としたこともありました。

それでも、子どもと関わる中で、思いどおりになってくれないことや真正面からぶつかる中で、それまで気づかなかった子どもの思いや内面に触れ、愛おしさに思わず涙がこみ上げることがありました。また、思いもよらない子どもの健気さやキラキラした輝きに、心が震えるほどの感動に出会うこともありました。子どもの無邪気さやあどけなさを前に腹を抱えて笑い転げることなど、独り占めするにはもったいない、保護者に伝えずにはいられない場面に出会うのでした。

子どもの一人ひとりの育ちのプロセスを子育ての喜びとして保護者たちと共有し合いたい思いから、〝子どもや保護者に向けての私からのエール〟として「クラブ通信」を発行し続けてきました。

今は、住宅地の中にある「かたくりクラブ」ですが、開所したばかりの一九九〇年には、学童保育の周りにたくさんの「かたくりの花」が自生していましたから、学童保育を「かたくりクラブ」と名づけました。「クラブ通信」の名も『かたくり通信』とし、二十三年間そのままの名で発行しています。

指導員として、日々、目の前の子どもと真摯に向き合おうとすればするほどに「あの子は本当は何が言いたかったのだろうか?」「私の声かけや関わりはあれでよかったのだろうか?」「一人よがりになってはいないだろうか?」と迷いや悩みや葛藤が生まれました。

私にとって、毎日の記録・実践を綴ることは、日々の振り返りや実践の意味を問い続ける作業でもあり、さらには、学童保育の指導員としての仕事の意味や価値を、追求し続ける作業でもありました。子どもたちと向き合うことは、自分と向き合うことでもありました。日一日として同じ場面などない、毎日繰り広げられる子どもたちとのドラマを大切に心に刻みたい思いで、伝えることにもこだわり、実践を書き続けてきました。

仲間と手を取り合って群れ戯れる子ども、複雑な思いを抱えて葛藤し、もがいている子ども、溢れる悲しみに耐える子ども、人とつながりたい思いを抱きながら自分の思いをうまく表現できずに感情をぶちまけて攻撃的になる子ども…どの子も紛れもなく命の根っこから光を放ち、輝き、懸命に生きようとしている姿です。

「少年・少女の時を、懸命に生きぬこうとしている子どもたちの姿を、保護者たちと共有し、働きながらの子育てを支え励ましたい」思いで発行し続けた「クラブ通信」を、さらに多くの方に伝えることで、今を生きる子どもたちの姿を共有したいと思います。学童保育に何が求められているのかを問いつつ、学童保育の指導員として日々の溢れる思いや願いを、『かたくり通信』とともに、この一冊にまとめることにしました。

原市場かたくりクラブは、飯能市学童クラブの会委託運営の公設民営です。国、県、市の補助金と保護者からの保育料で運営をしています。1年生から6年生まで四十五名の子どもが同じ屋根の下で毎日生活をしています。四十五名の児童に対して、指導員は正規指導員二名（私と伊藤美知子さん）と非常勤指導員三名（障がい児加配一名を含む）で保育にあたります。小学校の校庭と道を隔てた向かい側にある独立施設です。

二〇一二年八月に子ども・子育て関連三法案が可決、成立しました。児童福祉法も改正され、学童保育を利用する対象が「おおむね一〇歳未満の留守家庭児童」から「留守家庭の小学生」となり、国も低学年だけでなく、高学年にも学童保育の必要性を認めました。

私の学童保育では開設当初から高学年の子どもたちも、障がいのある子どもも共に生活をしてきました。『かたくり通信』にも、思春期の入り口にさしかかり複雑な感情の表わし方をしたり、人間関係の複雑さを見せる高学年の子どもたちが登場します。高学年にとっても、心の拠り所となる学童保育が必要であることを感じていただければ幸いです。今後さらに、学童保育を必要とするすべての子どもたちが利用できる制度となるよう、質的量的な拡充が求められます。

わが『かたくり通信』をもとにした本を出版するにあたり、学童保育の保護者たちに掲載の確認をすると「うれしい！」「やっと本になるんだね」「楽しみだよ～」と、快くというより、むしろ拍手して両手を挙げての喜びようでした。

私が書いた『かたくり通信』ではありますが、この保育実践は私一人で行っているわけではなく、相棒指導員の伊藤ちゃん、非常勤指導員の大野さん、ジュンちゃん、マナちゃん、マリナちゃんと、子どものことを毎日打ち合わせを行い、チームとしての連携があってこその保育実践です。私の誇りでもあり、心から愛してやまない「かたくりクラブ」の子どもたち、保護者、指導員仲間たちの日々のつながりの結晶であることを、申し置きしておきます。

『かたくり通信』は決してお手本ではなく、あくまでも一つの事例です。学童保育は、それぞれに運営や条件の違いもありますから、誰でも同じように書けるわけではありません。この本をきっかけに学童保育指導員の仕事、「クラブ通信」の書き方、保護者との伝え合いなどさまざまな角度から、学童保育の子どもたちの生活を知る機会にしていただきたいと思います。

なお、この本に掲載されている『かたくり通信』は、数年間に亘ったものをまとめたものです。子どもの学年は、当時の学年で記してあります。子どもの学年が前後して出てくることをご了承ください。

◆もくじ

カバーイラスト＝1年　山口　あづき
本文イラスト＝佐藤　寿美
装丁＝商業デザインセンター・増田　絵里

第Ⅰ章

「クラブ通信」をなぜ書くの？

原市場
かたくりクラブ
たのしい行事が
いっぱい

写真いっぱいの「かたくりクラブ」の掲示

♣「クラブ通信」の持つ意味

学童保育に子どもを預けて働く保護者たちは、昼間は労働などで子どもの様子を直接見たり、知ったりすることができません。

保護者は、我が子が学童保育でどのように過ごしているのかを知りたいですし、分からなければ不安になります。保護者は、我が子が仲間とつながりながら、さまざまな体験を通して、心豊かに育っている事実に励まされ、安心して仕事を続けることができるわけですから、学童保育での子どもの生活の様子を保護者に伝えることは、保護者が安心して働くために必要な指導員の仕事です。

「クラブ通信」は、ただ単に行事のお知らせにとどまらず、具体的な子どもの言動や指導員の子どもへ向ける眼差しや関わりを知ってもらう機会になります。

保護者にとって、「クラブ通信」は学童保育での我が子を取り巻く子どもたちの状況を知る機会でもありますし、学童保育の生活全般にわたって共通認識を持ってもらう意味もあります。それは「共育て」をつくりだす手立てにもなります。

「クラブ通信」を受け取ることによって、保護者は安心と励ましを受け、指導員への信頼を高めることにつながります。

私の学童保育では、通信ポケットに『かたくり通信』が配布されると、保護者だけでなく子どもたちも駆け寄って、うれしそうに読んでいます。

保護者会や行事で「『かたくり通信』に出ていたケンくんのお母さん？」と、保護者同士の関係をつなぐなど、子ども同士、子どもと保護者、保護者同士の共通の話題や楽しみにもなっています。

♣「クラブ通信」を書く時に配慮したいこと

「クラブ通信」には、何でも書いていいわけではなく、子どもの人権や保護者の立場、プライバシーに配慮し、内容や表現には心配りをする必要があります。

私の学童保育では、指導員が、年度はじめの保護者会で「クラブ通信」に子どもの名前を出して書くことを保護者全員に確認します。それは、学童保育では、我が子だけでなく我が子につながる子ども全員を、みんなで育てていきましょう！ ということを確認し合うことでもあるのです。

もちろん、「クラブ通信」で子どもの様子を伝えるということだけでなく、日常的にお迎え時や保護者会などで、保護者と子どものことを伝え合っています。名前を挙げて書く「通信」については、保護者にもさまざまな配慮をする必要があります。

また、「私はそんなつもりで書いたわけではないのに」と誤解を招くような言葉や表現は避けなければなりません。

私は、「クラブ通信」を発行する前に、記事になる場面については保護者にお迎え時に伝えて内容を確認しあっておきますし、発行する前に、指導員同士で読みあって、伝わりにくい表現や誤解されやすい表現はないかをチェックし合います。登場する子どもにも事前に内容を読んで確認をとります。

「クラブ通信」は、出したり出さなかったりではなく、定期的に継続的に発行します。回数と内容は関係があって、月一回の発行では、どうしても行事やお知らせのみになってしまいがちです。行事のことやお知らせ「○○してください」など保護者への要求ばかりの内容では、ただでさえ忙しい保護者も息がつまります。子どもたちの姿を具体的に（子どもの言動や表現なども含めて）生活の内容を紙面で伝えていきたいものです。

「クラブ通信」に載せる場面を取捨選択する場合に、いくら事実だからといっても、このことは「クラブ通信」で全体に伝えるのではなく、子どもの保護者に直接伝えるだけに留めておいた方がよい場合もあります。

「クラブ通信」に載せるときは、全体の問題としてみんなで考え合いたいメッセージやその場面における意味が伝えられる時に、載せることにしています。

それは、子どもの意外な一面の発見だったり、遊びや生活の中でその子らしさがふと垣間見えた時、仲間とのつながりの中で助け合ったり、人間的な葛藤をくぐりつつ変わろう、伸びようとしている姿など、指導員として心が動いたことを書きます。子どもを漫然と眺めていると、子どもの変化を見逃したり子どもを深く捉えることはできません。

ですから、「クラブ通信」を書くためには、毎日の子どもとの関わりをていねいに振り返り記録しておくことも求められます。

子どもに向ける指導員としての視点の置き場や、保育観が問われることにもなります。

私自身は、この『かたくり通信』を書き手として責任と覚悟なしには書けません。書くことで保護者や子どもとの日常の信頼を積み重ねていこうと思っています。くれぐれも、安易に子どもたちの言動の事実を実名で書けばいいわけではないことを、加えて書き添えておきます。

また、公立など運営形態によっては「実名を載せてはいけない」などの制約がある場合もあるようです。可能な範囲で子どもの様子を伝える工夫と努力をしていくことが大切です。

通信に書いた子どもが「お母さんに怒られる」と、目の前で通信を破いてしまった、という話をある指導員から、聞いたことがあります。安易に書くと、子どもを傷つけたり、保護者を追い詰めることになったり、不信をあおったりといったトラブルにもなりかねません。

なにより、働きながら子育てをしている保護者を励ます視点を大切に、子どもへの温かなまなざしを伝え、保護者や子どもたちに心待ちされる「クラブ通信」でありたいと思います。

♣「クラブ通信」を書くために——子どもの様子を捉える

一日の保育を終えた時に、保育日誌を書きます。保育日誌には、生活の流れや子どもの言動の羅列を書くことに留めるのではなく、一日を振り返って、子どもの気になった（心に残っている）言動、それをどう捉え、どう対応したか、その後どう変わったか、指導員としての率直な思いも書きます。自分が指導員として、子どもと関わった事実を意識づける作業でもあります。

その日の保育の振り返りをすることで、実践課題や見通しが見えてきたり、自分の仕事ぶりが客観的に見えてきたりします。保育日誌を書く時に、一人ひとりの子どもの顔が思い浮かばない時は、自分が漫然と過ごしていたことに気づくなど、仕事に向かう自分自身の姿勢も省みます。この毎日の保育日誌を元に、読み手を意識しながら「クラブ通信」を書きます。さらに、保育日誌や「クラブ通信」をひもときながら一定の期間を追って「実践記録」を綴ることにつながります。

指導員になりたての頃、指導員仲間の実践討議の際、先輩指導員からレポーターの私に「ツムちゃんの辛さを解る必要があるのではないか？」と、指摘を受けたことがありました。私は、その時、ツムちゃんを「困った子」として子どもの課題だと考えていたのですが、実は私自身の指導員としての実践の課題そのものであることに気づかされました。

実践の記録や「クラブ通信」を通して、指導員として、一人ひとりをどう捉えるのか、絶えず振り返りながら、保育者としての感性を鍛え続けることが必要だと感じています。

♣「クラブ通信」は、いつ、どこで書くのか？

全国の学童保育の中には、指導員の勤務時間が午後からで「クラブ通信」を書いたり、子どものことを職員同士で打ち合わせるなどの午前中の実務を、仕事として保障されていない地域も多くあります。

私が指導員になった頃は、私の学童は十一時出勤だったのですが、実務の仕事の必要性を保護者に理解してもらい、十時出勤の実態を自ら作り上げて、保障してもらってきた経過があります。（私のように、子どもが帰ってくる前の午前中の実務の時間も仕事として保障されているのは、現在、全国の指導員の二割程度にすぎないという実態があります。学童保育の役割を果たすために必要な指導員の勤務条件の改善も求められています。）

私は、基本的には、子どもが学童保育に帰ってくる前の午前中の時間に「クラブ通信」を書きます。私は、パソコンに向かうと三十分ほどで書き上げるので、相棒指導員が「早い！」と驚くのですが、それは、パソコンに向かうまでに「何を書きたいのか？」「その場面で何を伝えたいのか？」前もって紙面を構想しているからです。

しかし、午前中は相棒指導員との打ち合わせ、研修や地域の指導員会議、行事の準備などもあり、時間をとれない場合は、自宅への持ち帰り仕事となります。

それでも、記事はタイムリーにリアルに伝えたいので、私自身は最低週一通の発行を自分に課しています（三日に一通の時や、一日二通の時もあります）。

♣「クラブ通信」は順番制？

相棒指導員と順番制にしている学童もあるようですが、私の学童では順番にこだわらず、それぞれのペースで書いています。互いに「クラブ通信」を書くことの意味と必要性を理解していることが大事だと思っています。

発行する前には、相棒指導員と必ず確認しあいます。文脈が伝わりにくい箇所や、誤解を招くような箇所がないか、お互いに読み込み、校正してから『かたくり通信』として発行します。

♣親や子どもの反応を楽しみに

指導員になって二年目の頃、埼玉県の鉄道沿線交流会で、当時1年のタカシのお母さんが保護者代表として「指導員の仕事」について報告してくれました。

「子どもたちにとって指導員は心の拠り所です。1～6年までの異年齢の子ども集団にもかかわらず、指導員は一人ひとりを大事に見てくださり、その子の発達段階に応じた対応をされていることが『かたくり通信』に盛りだくさんに書かれています。『かたくり通信』を読むことが親の楽しみの一つでもあります。親が仕事を持っているばかりに、子どもに寂しい思いをさせているのではないか、という後ろめたさが指導員方のおかげで薄らいでいます」とタカシのお母さんは話してくれました。

また、指導員になって五年目の頃、埼玉県実践交流会で、保護者代表として報告した、当時3年のワカのお母さんが『かたくり通信』をこんなふうに紹介してくれました。

「学童保育の通信ポケットに『かたくり通信』が入っていると『今日は自分の子のことが書いてあるかな？』とひそかに期待して待っていた頃のこと。実際にワカのことが書いてあると、指導員がワカをこんなに見てくれているのか、とうれしくなり、次の日に熊本でワカのことを心配しているワカの祖母に、速達で郵送したことを覚えています」

このように、私も保護者たちから励ましをたくさんもらいました。「『かたくり通信』で笑っちゃったよ」「泣いちゃったよ」と、感想をもらうと、また頑張る力がモリモリと沸き起こります。

子どもたちも、通信ポケットに『かたくり通信』が配布されると、駆け寄って「オレは載ってる？」載っていると「よっしゃー！」のガッツポーズをしたりします。たとえ内容がケンカの場面であったとしても、自分が否定的に書かれていないことで安心し、指導員の目が自分に向けられていることを、実感するのだと思います。

♣「クラブ通信」を書くコツ・続けるコツ

私は、同じ職場の指導員たちと、子どもたちの様子を日々話し込むことを大事にしています。人に話したり、聴き取ったりすることで、子どもとのその時の様子がスケッチされ、指導員としての思いや感情、自分の書きたいことが整理されてきます。「何を書けばいいんだろう？」と悩む相棒指導員と子どものことを話し込んでいるうちに「今話したそのことを書けばいいいんじゃない？」「あっ！　そうか」ということにもなります。自分の中で悶々と悩む時は、仲間の力を借りて話しながら、整理していくこともあります。

書くことはエネルギーを要する作業なので、つい後回しにしがちです。経験上、筆を一旦置くと、もう一度筆を持つには、筆を置いていたのと同じ時間を要することになります。書き続けるためには、自分自身で書くことを仕事の中でも優先的に位置づけることしかないようです。「忙しいから」と書けない言い訳を並べないよう、最低週一回のペースを守るようにしています。

♣登場する子の偏りを気にしすぎずに

全員を載せることだけが目的になって、内容の半分が子どもの名前の羅列になっている「クラブ通信」も見かけます。私は、全体を書くというよりも、子ども一人ひとりに焦点を当てているので、紙面に登場する人数は限られてきます。

私一人が書いているわけではないので、相棒指導員の『かたくり通信』に登場している子どももいます。

数年前、アヤのお母さんが
「『かたくり通信』に我が子が載っていない時でも、こんな場面には、うちの指導員だったら、我が子にもこんなふうに対応してくれるんだな、と指導員の子どもに向かう姿勢が伝わってくるから、安心できるのよ」と、話してくれたことがありました。保護者は、紙面から指導員の子どもに向かう姿勢や思いを感じ取ってくれているようです。

私自身も「通信」に登場した子どもをチェックをしておき、相棒指導員と話し合って、なるべく多くの子どもが登場するように努めています。

♣仲間との関わりの中での成長を書く

それぞれに要求も思いも個性も違いを持つ子どもたちが、異年齢集団で毎日の生活を過ごすわけですから、ぶつかりやトラブルがあるのは当然です。子どもたちは、周りとぶつかったり、問題が起きた時に相手と向き合い、自分と向き合いながら、自己理解、他者理解をしながら人と関わる術を学んでいます。人間関係のぶつかりやトラブルは、人が成長、発達するために欠かせない経験として、子ども時代に仲間との関わりの中でゆっくり、たっぷりくぐることが大事だと思うのです。

私が、ぶつかりやトラブルの場面を書く時に、注意していることがあります。それは、事実を把握しきれていない時や、子どもの思いをまだ理解しきれず、私自身がその場面を否定的に捉えている時、実践の見通しを持てない時は、記事にせずに、私自身の指導員としての実践課題として、トラブルの経過やその子どもを見守ります。自分自身が否定的に捉えていることを自覚し、気になる子どもと意識的に関わり続けます。諦めず、投げ出さずに関わっていくと、解決にむけての糸口が見えてきたり、子どもの変化、成長がふと感じられ、それまで否定的に思えていたことが肯定的に捉えられる瞬間があります。その時に書くことにしています。

セイシローのお母さんは、子ども同士のやりとりを伝えるたびに「ちょっとは、つくってるんじゃないの？　と思うこともあるくらい、学童では次々にいろんなことがあるよね。でも、そこは『コーノワールド』なんだねえ」と笑っていました。

こちらの側が、意識して見ようとしなければ見えてこないものがあります。

♣書くことのジレンマを越えて

私も多くの指導員と同じように、真っ白の紙を前にすると「えいっ！」と気合を入れないと、書けません。私にとっても書くことは、相当エネルギーを必要とする作業なのですが、それでも書くことを投げ出さず、こだわり続けてきたことで、自分自身の子ども観を問い直してきたように思います。
指導員になりたての頃、自分の書く「クラブ通信」に対して、疑問を感じて悩んだことがありました。子どもたちが仲良く楽しそうに遊んでいる場面や、何かに取り組んでできるようになったことなど、表面的に肯定的に見える場面のみを書いていたのです。

それは生活の事実の一つですが、学童保育の生活では「相手の傘のしずくがオレに掛かった」と、些細なことでとっくみあいのケンカになったり、なかなか指導員の思いどおりにならないことも多く、悪戦苦闘の日々です。それにも拘わらず、「クラブ通信」では楽しそうな一面しか伝えていないことで、指導員としてのジレンマに陥ったのです。そうかといって、事実を書き連ねて保護者を追い詰めるような内容であってはなりません。

しばらく悶々と考えた末に「豊かな生活とは？」と、改めて生活について問い直した時に、生活することは、けして楽しいことばかりではなく、つまずきやぶつかりもあるし、さまざまなトラブルがあって当然だということ。子どもが、つまずいたり、ぶつかったり、さまざまな葛藤やトラブルの経験も、子どもの成長には欠かせないこと。そのことは、けして否定されることではなく、指導員として子どもの成長につながるプロセスに、どう関わったか、私の姿勢を含めて、むしろ肯定的なこととしてそのことを書いていこう、と思えたのです。私自身の負の捉え方の問い直しでもありました。書いている私が、その場面

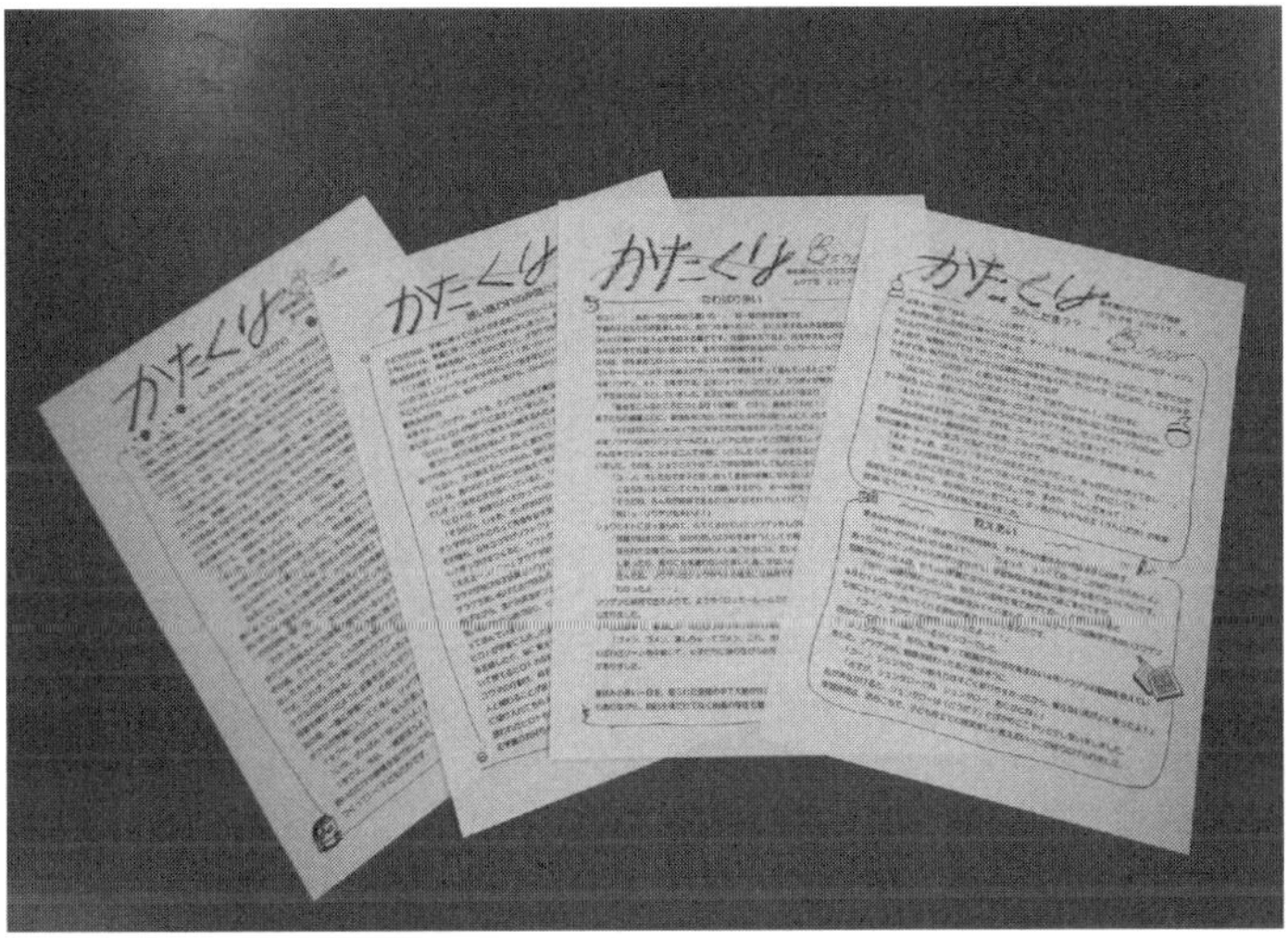

を否定的に感じてはいないから、相手にも否定的には伝わらないのです。

「クラブ通信」では、子どもの言動を指導員としてどう捉え、どう関わり、どう見通しをもっているのかが伝わるので、指導員としての子ども観も姿勢も問われてくるのだと思います。一見、否定的な場面であっても、子どもと向き合う中で、子どもの言動の背景にある根っこの願いや思いが見えた時に、私の見方も肯定的に変わります。そして、子どもの成長に向かう希望の光を私が見出した時に『かたくり通信』に載せることにしています。

紙面で、「どの子もかけがえのない存在である」「どの子も育つ力を持っている」そのことを、私は保護者と共有したいと思って書いています。

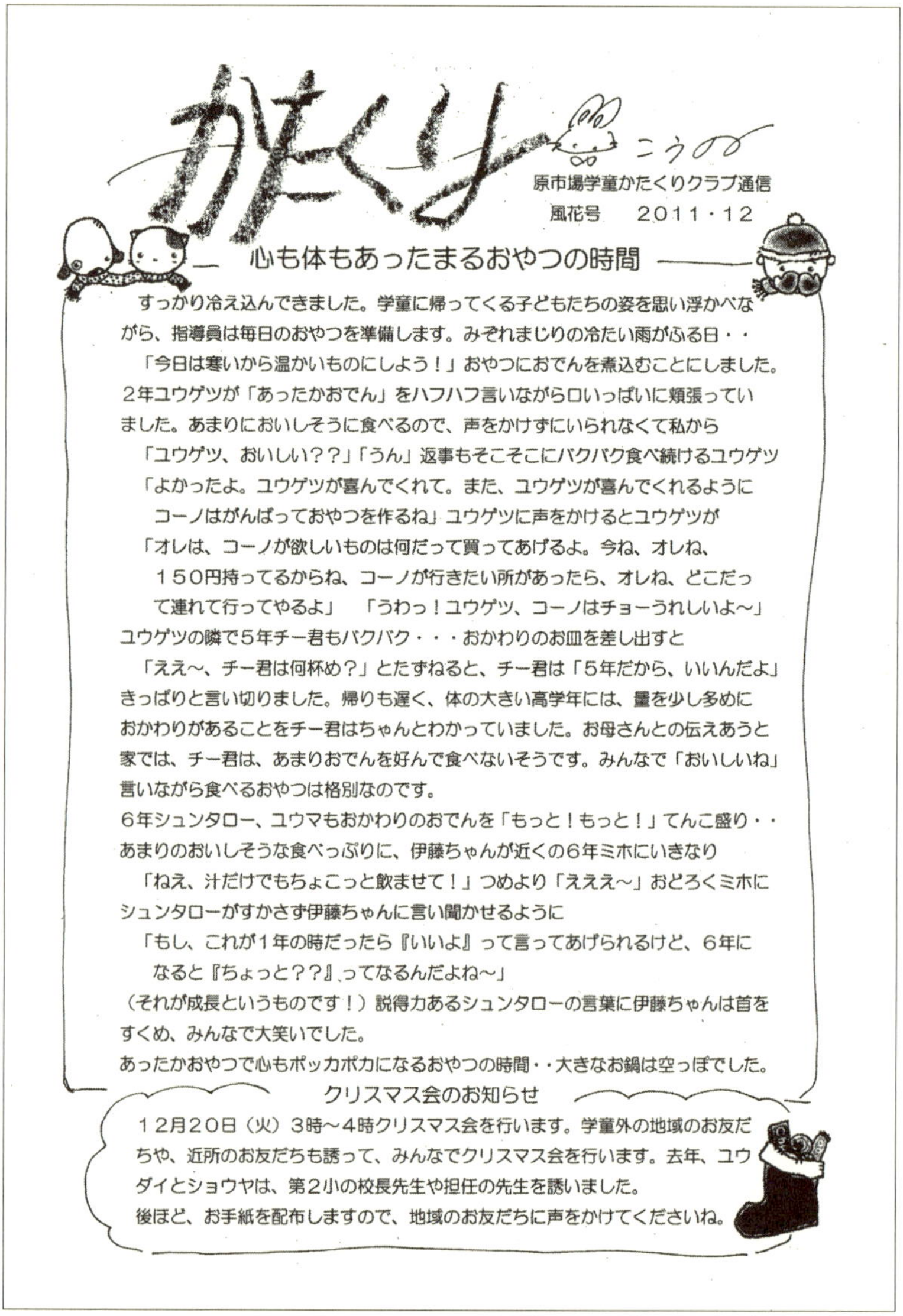

かたくり こうの

原市場学童かたくりクラブ通信

風花号　２０１１・１２

心も体もあったまるおやつの時間

すっかり冷え込んできました。学童に帰ってくる子どもたちの姿を思い浮かべながら、指導員は毎日のおやつを準備します。みぞれまじりの冷たい雨がふる日・・

「今日は寒いから温かいものにしよう！」おやつにおでんを煮込むことにしました。

２年ユウゲツが「あったかおでん」をハフハフ言いながら口いっぱいに頬張っていました。あまりにおいしそうに食べるので、声をかけずにいられなくて私から

「ユウゲツ、おいしい？？」「うん」返事もそこそこにパクパク食べ続けるユウゲツ

「よかったよ。ユウゲツが喜んでくれて。また、ユウゲツが喜んでくれるように

コーノはがんばっておやつを作るね」ユウゲツに声をかけるとユウゲツが

「オレは、コーノが欲しいものは何だって買ってあげるよ。今ね、オレね、

１５０円持ってるからね、コーノが行きたい所があったら、オレね、どこだって連れて行ってやるよ」　「うわっ！ユウゲツ、コーノはチョーうれしいよ～」

ユウゲツの隣で５年チー君もパクパク・・・おかわりのお皿を差し出すと

「ええ～、チー君は何杯め？」とたずねると、チー君は「５年だから、いいんだよ」きっぱりと言い切りました。帰りも遅く、体の大きい高学年には、量を少し多めにおかわりがあることをチー君はちゃんとわかっていました。お母さんとの伝えあうと家では、チー君は、あまりおでんを好んで食べないそうです。みんなで「おいしいね」言いながら食べるおやつは格別なのです。

６年シュンタロー、ユウマもおかわりのおでんを「もっと！もっと！」てんこ盛り・・

あまりのおいしそうな食べっぷりに、伊藤ちゃんが近くの６年ミホにいきなり

「ねえ、汁だけでもちょこっと飲ませて！」つめより「えええ～」おどろくミホにシュンタローがすかさず伊藤ちゃんに言い聞かせるように

「もし、これが１年の時だったら『いいよ』って言ってあげられるけど、６年になると『ちょっと？？』ってなるんだよね～」

（それが成長というものです！）説得力あるシュンタローの言葉に伊藤ちゃんは首をすくめ、みんなで大笑いでした。

あったかおやつで心もポッカポカになるおやつの時間・・大きなお鍋は空っぽでした。

クリスマス会のお知らせ

１２月２０日（火）３時～４時クリスマス会を行います。学童外の地域のお友だちや、近所のお友だちも誘って、みんなでクリスマス会を行います。去年、ユウダイとショウヤは、第２小の校長先生や担任の先生を誘いました。

後ほど、お手紙を配布しますので、地域のお友だちに声をかけてくださいね。

実際の『かたくり通信』。Ａ４の紙面に、学童での出来事を子どもとのやりとりを中心に書く。「お知らせ」があるときは、一部に入れる。

第Ⅱ章

子どもの生活の様子を伝える

手作りケーキの前でみんなにっこり

四月——出会いの時

新しい風が吹く四月、新たに小さな仲間たちが、緊張と不安を抱えておそるおそる学童保育の扉を開けます。

私は、経験を重ねた今でも、新しい仲間を受け入れる四月は、緊張で背中がピンと伸びます。指導員である私自身も、毎年四月の新しい仲間との出会いで、学童保育の指導員としての原点に立ち返らせてもらっているのです。


1年マーヤは、三月三〇日に行われた入所式の自己紹介の時に、緊張でガチガチに固まって声を出せませんでした。入所初日も、ママの背中に張り付いたまま、なかなか靴を脱ごうとしませんでした。

保育士をしているママは、意を決したように仕事場へ出かけていきました。

室内に入ったマーヤが、足がすくんで、なかなかロッカーにたどり着けないでいました。すると、一年前に緊張を抱えていた2年ソラちゃんが、マーヤの不安な気持ちを察してくれて「そばにいるよ」とばかりに、そっとマーヤの傍らにいてくれたのでした。

子どもにとって、自分の居場所をつくりあげていくことは、大人の想像以上に困難なことなのだと思います。そこにいる大人や仲間の力を借りながら、自分の居場所を拡げていくのです。今や3年になったミヅキも4年になったアヅも、あの時の緊張は「どこへやら？」な風で馴染んでいます。

緊張しているのは、子どもばかりではありません。初めて学童保育に我が子を預ける保護者たちも、我が子を送り出す緊張と不安の中にあります。

1年カズくんは、先日の入所式での「遊び紹介」で、2年ハヤトくんが見せてくれた工作を教えてもらおうと、はりきって学童に来ました。でも、ママは緊張したまま車を運転していたらしく、気がつくと学童保育ではなく、通い慣れた保育園の駐車場だったそうです。ママは、あわてふためいて学童に来ました。

「まったく、ママはおっちょこちょいなんだから…」とカズくんに笑われながら、ママの顔はこわばったままでした。カズくんは、とっくに遊びにすっ飛んで行きましたが、ママは何度も振り返りながら仕事に出かけて行きました。

一日の仕事を終えて学童に迎えに来たママは、ハヤトくんと一緒に工作に夢中になっている息子の姿を見るなり「安心した～」と言って、ポロポロ泣き出しました。

同じく1年アーちゃんのママは、お迎えの時に、最初の通信の感想を伝えてくれました。

「『かたくり通信』を読んで泣いちゃったよ。マーヤちゃんやカズくんのお母さんの姿に『そう私も同じ！』って、気持ちがよ〜くわかるもの」

毎年、それぞれの子どもたちや保護者の不安と緊張が、ビンビンと伝わってくる四月です。

このように、不安や緊張を抱えながら、おっかなびっくり学童保育に入ってくる子どもたちが安心して過ごせるよう、親たちも大事な我が子を安心して託すことができるような学童保育にしていこう、と改めて襟《えり》を正す四月です。

かたくり
原市場かたくりクラブ通信

〈桜風号〉

桜色の風景

新たに小さな仲間たち十一名が、学童にやってきました。

学童の部屋に入ってくるなり、とびっきりの笑顔で「コーノせんせ～!!」

私のおなかに飛びついてしがみついてきたのは、1年アイノでした。

「アイノ～、やっと学童に来てくれたね。アイノが学童に来る日をずっと待ってたんだよ～」

私もアイノをぎゅうっと抱きしめました。アイノのママは、二十年近く前にこの原市場学童で過ごしましたから、ママの成長を見届けた私にとってアイノは孫世代です。しみじみと時の流れを感じながら、アイノを迎えられたことの喜びをかみしめました。

1年マーヤは、入所式の時に緊張でガチガチでした。登所初日も、ママの背中に張り付いて靴を脱ぐことをためらっていました。ママは意を決してマーヤに「じゃあ、ママは行ってくるよ！」

靴を脱いでやっとおずおずと部屋に入ったものの、ロッカーの前で高学年が円陣を組んでカードゲームをしているのを見ると、マーヤは近づけずに立ちすくんでしまいました。

2年ソラちゃんが声をかけるでもなく、マーヤの傍らにずっと寄り添っていました。

「ソラちゃんも、一年前に立ちんぼうしていたもんね。マーヤの気持ちがわかるんだね」と私が声をかけると、だまったままうなずいたソラちゃんでした。

1年カズは、ママとやって来ると、

「あのね、この人（ママのこと）はね、何も考えないで運転していて保育園に行ったんだよ！」

人懐っこいカズよりもママの方が緊張しながら「よろしくお願いします！」と繰り返し、後ろ髪を引かれるように何度も振り返りながら仕事に向かいました。

一日の仕事を終えて迎えに来たママが、2年ハヤトと一緒に工作を楽しんでいるカズの姿を見つけるなり、

「笑顔を見たら安心して泣けちゃった…今日はどうしてるかと心配で、仕事も手につかなかったんです。あ〜よかった、笑顔でいてくれて…」

しばらくポロポロと涙を流すママでした。

新しい仲間を迎えた上級生も緊張します。3年ミヅキが、遊びの合間に麦茶を飲みながら、私に話しかけてきました。

「この時期になると、あの時のことを思い出しちゃうよ…」

思わず吹き出すミヅキに私も

「そうそう、私もミヅキのことをずっと考えていたよ。ミヅキも思い出していたんだね」

「ああ〜、言わないで！　それ以上言わないでよ」私の言葉をさえぎり、仲間の元へ走り去りました。

二年前の入所したての頃のミヅキは、来る日も来る日も、泣きながら学童に来ては、半日は指導員にべったりくっついて過ごしたのでした。（『ミヅキちゃんの涙』参照）ほろ苦い思い出を笑えるほどに成長したミヅキです。

2年ショウヤは、1年ヒョウゴのそばにいて「何をやりたいの？　ベイブレードを一緒にやる？」お弁当の時もおやつの時も、だんご虫探しも、一日中ずっと傍らで面倒を見てくれていました。

ヒョウゴと1年カズキが、ポケモン人形の取り合いで言い合いになると、ショウヤが仲裁に入り

「絶対に相手が悪いって思うかもしれないけれど、ちょっとは自分が悪いこともあるん

だよ」

冷静に1年生二人に向かって、優しく言い諭していました。ついこの前まで、思うようにいかないと

「お前のせいだろ〜！」と、辺りかまわず怒鳴りつけていた、あのショウヤとは思えない姿でした。

新しい仲間が運んできてくれた新しい風、これから子どもたちのハラハラドキドキワクワクのドラマが毎日繰り広げられるだろう新年度が、こうして幕開けしました。

✿ミヅキちゃんの涙

現在、３年のミヅキも、入所した日は半日「ママに会いたい」と泣き続けて過ごしました。

四月「コーノちゃん」と泣きついていたミヅキが、二カ月経った頃には、おやつの時にあめ玉をガリガリ噛み潰す、豪快なミヅキになっていました。「あれっ？　ミヅキって意外にワイルド〜」と声をかけると「家ではジイジを蹴飛ばしてるんだ。でも内緒にしてね」なんて言い、男子を追いかけ回すほどのヤンチャぶりを発揮しはじめます。

半年後には私への呼び名も、いつのまにか自然にどちらからともなく「コーノちゃん」から「コーノ」。私も「ミヅキちゃん」から「ミヅキ」へ変わっていました。今では「なんで、あの頃、私はコーノちゃんって言ってたんだろう？　そんな面倒くさいものはつけなくてよかったんだよね」と笑うミヅキです。

自分の居場所の根っこを張ってきたミヅキも、四月の１年生受け入れ初日は、緊張している１年生を気にしつつ「私もあんなだったよね」と、私に話しかけてきます。私とミヅキは笑い合いながらも、しみじみとミヅキの成長を確認し合うのが恒例となっています。

かたくり

原市場かたくりクラブ通信

〈桜色号〉

ミヅキちゃんの涙

四月一日、今年も新しい風のそよぐ中、十一名の新しい仲間たちを迎え入れました。新たな出会いの中で、学童での新たな生活をはじめた子どもたちです。

朝、ママと一緒にやってきた1年ミヅキちゃん。入所式の日、とびっきりの笑顔が印象的なミヅキちゃんでしたが、初日もニコニコ笑顔で指導員に「おはようございます！」ママにも笑顔で「行ってらっしゃい」のバイバイをした後、私と一緒に写し絵を始めました。写し絵に夢中になっているかに見えた三十分後、完成した写し絵をしおりにしている時、「ママにプレゼントするの？」の声かけに笑顔でうなずいた後、突然ぐしゅぐしゅ泣き出したミヅキちゃんです。さっきの笑顔からの急な変わりように驚いて、

「えっ？　ミヅキちゃん、どうしたの？　何かいやなことがあったの？」

慌てて声をかけると、

「ママに会いたい〜ママ〜…ママに会いたい〜」ぽろぽろ泣きながら声を震わせました。

「そっか、ママに会いたいんだね。ミヅキちゃんは、ホントはママと離れたくなかったけど、寂しさをガマンして笑っていたんだね。きっとママも、ミヅキちゃんと会いたいけど頑張ってお仕事をしているよ。ママの代わりにコーノがそばにいるから、大丈夫だよ」

声をかけながら抱っこしていると、6年ミナが私のそばにきて、私の耳を両手ではさみ
「コーノ、これって、学童の恒例だね！」耳打ちしながら首をすくめました。

「この子、どうしたの？」2年アヅちゃんが、心配そうに声をかけてきました。

「ミヅキちゃんはママに会いたくなったんだって。アヅちゃんも去年の今頃は泣いてたんだよね。でも、ほ〜ら、今はへっちゃらになったんだよね〜」と声をかけると、

「そうだよ。私も前は泣いてたんだけど、今は大丈夫だよ」

励ますように声をかけました。お昼の準備をしている時になっても泣き止まないミヅキちゃんに、1年アヤちゃんが気遣って
「ミヅキちゃんの分の麦茶も私が持ってきてあげるね」と、二つ運んできてくれました。

お弁当を食べ終わると、ミヅキちゃんは、アヅちゃんやアヤちゃんと遊びはじめました。

一日を終えて帰る時に「明日も泣くかも…」と不安げにこぼしたミヅキちゃん。

「いいよ、明日もいっぱい泣いていいよ。コーノは一緒にそばにいるよ！　ミヅキちゃ

んが楽しい時も、さびしい時もママの代わりにずっといるよ。明日も待ってるね」

私が声をかけると、こっくりうなずいて、「バイバイ」とママと帰っていきました。

二日目の朝、やはり泣きながら学童にやってきたミヅキちゃん。ママも不安な表情で「一時間前から『学童に行きたくない。でもコーノちゃんとは会いたい』と言って泣いていたんです。よろしくお願いします」心を残しながら仕事に向かうママ。

「私も会いたかったよ〜。学童に来てくれてありがとう〜！　待ってたよ〜」

抱きしめながら、ふと隣に目をやると、アヅちゃんも一緒に迎えに立っていました。

指導員から離れなかったミヅキちゃんが、校庭で3年ココちゃん、アイちゃん、2年アヅちゃん、サラちゃん、マナちゃんたちと一緒に遊ぶ姿が見られるようになりました。

不安が安心に変わった背景には、アヅちゃんやアヤちゃんをはじめ、ミヅキちゃんを見守り励ます仲間の存在がありました。仲間の中でミヅキちゃんの笑顔が輝きはじめました。

✿ありのままで

四月に入所した頃は、おやつの時に、同じ保育園同士で子どもたちが集まっていました。アヅちゃんにとって、顔見知りのいない中にポツンと一人放たれた感じだったのだと思うのです。

「アヅちゃん、こっちにおいで！」と誘われても「いい！　私はここで大丈夫！」と周りの誘いをきっぱりと断り、気丈に振舞っていたアヅちゃん。周りを寄せ付けないアヅちゃんが、私は気になっていましたから、どこかで関わりの糸口を探っていました。

一カ月経った頃に、アヅちゃんの行動に変化が見られました。それでもそう簡単に心を開いてはくれないアヅちゃんだったので、お迎えのお母さんにアヅちゃんの変化を伝えると、お母さんがアヅちゃんから心のうちを聞きだして伝えてくれました。

アヅちゃんの家族思いのところに気づけたことや、案外ズバリとものを言ってのける面に触れて、私も安心したのです。

かたくり

原市場かたくりクラブ通信

〈クローバー号〉

ありのままで

1年アヅちゃんは、十五名入所の中で一人だけ幼稚園出身だったので、顔見知りのいない中で学童の生活がはじまりました。指導員に誘われるままに、黙々と写し絵や編み物の指人形づくりに夢中になっているアヅちゃんの姿に、学童の生活に慣れてきたかな、と思っていた五月の連休中のことでした。

いつものように指人形づくりをしているアヅちゃんが手を動かしながらも、何度も何度も涙をぬぐっているのです。声も出さず、気づかれないようにしている仕草が気になり「アヅちゃん、何かあったの？　何でも話していいんだよ」とこちらからそっと声をかけると「なんでもない、大丈夫！」と言いながらも、またあふれてくる涙をぬぐいました。

「コーノは、なんでもないことじゃないと思うよ。今言えなかったら、後でもいいからいつでも言ってね。アヅちゃんがお話してくれるのを、待ってるからね」

これ以上、踏み込んで無理に聴きだすことは、ますますアヅちゃんを追い詰めることになりかねないので、しばらく様子を見守ることにしました。

「これは、誰につくっているの？」

「妹につくってあげるの。目に使うシールちょうだい」

家族のことや指人形のことはよく話しかけてくれるのに、内面に踏み込まれると「なんでもない」「大丈夫」をくりかえすだけで、むしろその話題は避けるようにしていました。

お迎えのお母さんに、気になっていた様子の変化を伝えました。

次の日、お母さんから聞いたのは、連休中に家族で遊んだことを思い出して寂しくなったこと、そしてそれを恥ずかしくて言えなかったとのことでした。

夕方、アヅちゃんと一輪車のことで話し込んだ後、「あの時、そうだったの？」とたずねると、アヅちゃんは、ためらいながらもこっくりとうなずきました。

「家族が大好きなアヅちゃんは寂しくなったんだね。それはちっとも恥ずかしいことじゃないから先生たちに話してくれていいんだよ。コーノだってそんな時もあるし、泣きたくなる時もあるよ。ガマンしないでお話してね。アヅちゃんの気持ちがわかって、コーノは安心したよ」と話すと、アヅちゃんは、今度は深くうなずきました。

その後、1年生女子たちの一輪車の練習の輪に入っていったアヅちゃんは、一輪車仲間のサラちゃんと一緒に誘い合っておやつを食べる姿が見られるようになりました。

練習中も「ねえ、コーノー、見てて見てて！」と、大きな声で呼んでくれたり、

「今日ね、お母さんが三時半に迎えに来るって言ったのに遅い!!」

「まだ五分しか過ぎてないし、お母さんもきっと時間を気にしながら慌てて来ると思うよ。お母さんに見せてあげるために、もっと練習しとこうよ！」と声をかけると
「そうだよ。そのために練習してるんでしょ!!」

と、きっぱり！　今まで見せたことのない表情に思わず噴き出しました。

誰だってその時々の気分や感情があります。喜びや笑いだけじゃなく、寂しさも悲しみも怒りも涙も含めて、ありのままの自分でいられて、そのことを受け止めてもらえることは「自分がここにいていいんだ」という安心の源です。お客様状態の緊張もほぐれ、やっとやんちゃな部分も顔をのぞかせはじめた1年生たちです。

✿ハヤちゃんの緊張

不安や緊張は、泣いたり、尻込みをしたりの表わし方だけではなく、思いがけず「攻撃的」に表れることもあります。

春休み中の四月一日から来ていた他の1年生が少し慣れた頃の話です。

学校の入学式が終わった後、ハヤちゃんは気後れしたまま、周りの誘いに合わせるかのように、一日が過ぎました。

ママとお姉ちゃん（高校生）のお迎えにハヤちゃんの表情が和らぎ、緊張が一気に吹っ飛んだようです。走っていった校庭で、学童の兄たちとトラブルが起きたのです。

このことをハヤちゃんのママに伝えると「まったく、アイツは！」と、苦笑いでした。

『かたくり通信』に掲載するにあたっては、トラブルのあった高学年男子集団に、ハヤちゃんが受け入れられる展開を見届けたので書いたのです。

この『かたくり通信』が配布された後の保護者会の席でのこと。ハヤちゃんのママが話していると、ソウゲツのママが立ち上がり、

「あっ！　ハヤちゃんのお母さん？　私はソウゲツの母です。うちのソウゲツが迷惑かけて、ホントごめんんね。これからもよろしくお願いしま～す！」

「あ〜、イヤイヤ、うちの方こそ！　これからも迷惑かけると思うけど、よろしく〜！」

『かたくり通信』は、親同士をつなぐきっかけになることも、よくあります。

〈桜ふぶき号〉

ハヤちゃんの緊張

他の1年生は、入所式や春休みの学童での生活を過ごし、少しずつ緊張もほぐれてきた頃、1年ハヤちゃんは、小学校の入学式後に初めて学童にやってきました。学校と学童の新しい生活に同時に入ることになったハヤちゃんです。

学校が終わる頃、私が校庭に並んだ学童班を迎えに行くと、表情はこわばり、緊張している様子が伝わってきました。

「ハヤちゃんのお姉ちゃんも学童で過ごしていたんだよ」「うん、知ってる…」

「その頃、生まれたばかりだったハヤちゃんが、こんなに大きくなってビックリだよ」

語りかけると、表情も和らぎ、同じ保育園だったヒョウゴやカズくんと一緒にベイブレードをしたり、アイロンビーズでコマを作ったりして遊び始めました。

周りの気配を伺いながら過ごした一日が終わる頃、心配そうなお母さんとお姉ちゃんがお迎えにくると、ハヤちゃんの緊張が一気に緩んだようです。ランドセルをお母さんに渡すと校庭に走って行きました。私がお母さんと話している間に戻ってきたハヤちゃんに目をやると、顔が紅潮し、表情がこわばっていることに気づきました。

「ハヤちゃん、校庭で何かあったの？」「学童のお兄ちゃんにぶたれた」「ええっ？」

周りにいた子どもたちにも話を聞くと、校庭で遊んでいた5年キトやソウゲツたちにハヤちゃんが

「ばあか、ばあか！　おめえら、オレの兄ちゃんに言いつけるからな！」

はやし立てられたソウゲツが「年下のくせになまいき！」と、当たらないようにぶったふりをして威嚇したとのこと…その場で二人を呼んで話し合いました。

「嫌な言葉はお兄ちゃんたちを怒らせてしまったんだね」

そう話すと、うなずいたハヤちゃんでした。

「ソウゲツ、相手は年下で緊張もあっただろうに、少しやりすぎたかなあ？」

私から声をかけると

「ごめんね…もうやんないからね」普段は、そう簡単に引き下がらないソウゲツがハヤちゃんの顔を覗くように静かに声をかけました。意外な対応にソウゲツの成長も感じ、ホッと胸を撫で下ろしたその時、うつむいていたハヤちゃんが顔をあげてキッとソウゲツ

をにらんだかと思うと、

「てめえ、今度、こんなことをしやがったらゆるさねえからな!!」と、言い放ちました。

〝えっ？　こんな展開？〟予想もしなかったハヤちゃんの返しに、ソウゲツも言葉を失いました。私から

「ソウゲツもハヤちゃんの言葉に嫌な思いをしたけれど、謝ってくれたよ。ハヤちゃんも、ソウゲツたちに嫌な思いにさせるような言葉で怒らせちゃったんだね」と話すと、やっと納得したようで

「うん、ソウゲツくん、ごめんね…」ハヤちゃんはソウゲツにそっと語りかけました。

出会いの時、ハヤちゃんの大きい兄たちに対する警戒と緊張は、こんな表現ではありましたが、そこはさすがに切り替えの早い学童の兄たちです。

数日後、戦いごっこの時に5年タクミが

「コイツを、戦いごっこに誘ったよ。けっこう強そうだからね！」と、ハヤちゃんを誘い入れました。体をぶつけ合う戦いごっこを通して、互いの警戒と緊張は次第にほぐれたようで、学童の兄たちと汗にまみれて笑い転げているハヤちゃんでした。

まだまだ自分の思いを表現することが未熟な子どもたちですから、当然ぶつかりあいもあります。そのまんまの感情をやり取りしながら、ゆっくり、時間をかけて仲間としての

関係をつくっていければいいと思うのです。

私たち大人も互いに子どものことを伝え合いながら、温かな手つなぎの中で子どもたちのジグザグの成長を、ゆったりと見守っていきましょう。

子どもたちの生活

子どもたちは、学校が終わると校庭を走り抜け「ただいま」と学童保育に帰ってきます。「ねえ、ねえ、聞いて！　今日、学校でね」と「ただいま」もそこそこに、楽しかったことを言わずにはいられない、とおしゃべりをはじめる子どももいますし、「あ～今日は宿題がいっぱい出たんだよな～」とすぐに宿題をはじめる子どももいます。

「今日、給食の時間に思いついたんだ！」と牛乳パックを切り刻んでガンダムづくりをはじめるなど、時間を惜しんですぐに遊びはじめる子どももいます。

中には、学校で何かあったらしく、不機嫌にランドセルをロッカーに叩きつける子どもや、涙ぐんでうつむきながら帰ってくる子どももいます。

子どもが、安心して学童に来られるように、指導員にはていねいな配慮と働きかけが求められます。

それは、子どもたちの体調や安全に配慮することはもとより、一人ひとりのありのままの思いが出せてこそ学童の生活です。どの子も心地よく生活することに配慮と働きかけをすることが、安定した集団をつくっていくことにもつながります。

生活の場である学童保育では、子どもたちは遊びのほかにも宿題をしたり、補食としてのおやつを食べたり、時には仲間同士で肩寄せ合って行事や取り組みについて話し合うこともあります。学童保育での子どもたちの生活の様子や表情を、保護者に具体的に伝えていきたいと思うのです。

つい先日、五年前に「ついてない日」に書いたタケちゃんとハヤテが、学童保育にふらりと遊びに来ました。今、中3になった二人は、見上げるほど大きくなっていました。

今は、家庭の都合で他県に引っ越してしまったハヤテですが、夏休みを利用して学童保育に遊びに来てくれたのです。遠く離れても、五年前と変わらず、今も仲良しの二人です。

「ついてない日」を見せると、タケちゃんはケラケラ笑い転げながら読んで

「そうそう、こんなことあったね！　懐かしいよ。ホントに学童はよかったな～」

「オレも、人間関係を学童で学んだよ」と、ハヤテがつぶやき、二人はしみじみと学童での生活を懐かしんでいました。

あの場面にそのままタイムスリップしたかのような、変わらぬ二人の笑顔でした。

「クラブ通信」は、子どもたちにとって、何年経っても、その時、その場に立ち戻ることができ、自分の成長のプロセスを客観的に辿れるのです。

かたくり

原市場かたくりクラブ通信

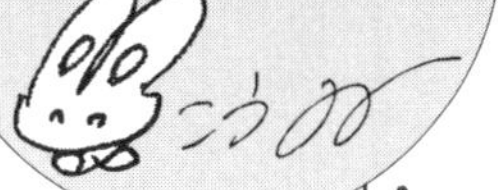

〈秋号〉

ついてない日

日が暮れて、いつものメンバー（ハヤテ、タケ、ユウマ、ユウタ、タクヤ、ラム）が、靴箱前のいつもの場所で遊んでいるところを通りがかると、4年タケちゃんがハヤテにただならぬ空気でつかみかかっていました。

思わず間に入って二人を何とか離そうとした2年ユウマも、タケちゃんに突き飛ばされました。私が間に入って「ほら、二人とも落ち着いて」と引き離し、興奮しているタケちゃんを別の場所に移動させ、タケちゃんの呼吸が整うまで黙ってそばに座っていました。

落ち着きを取り戻したタケちゃんが、空を見つめたままポツンと

「オレさ、今日は、ぜんぜんついてない日だったんだ…」とつぶやきました。

「今日、タケちゃんは嫌なことがあったんだね。何があったかコーノに話せる？」

「嫌なことがあったなんてもんじゃないよ。こんなことコーノにしか話せないよ。他の

誰にも聞かれたくはないよ…」指導員室で二人きりで話を聞くことにしました。

「オレさ、学校でオレの友だちだって思っていた子に普通に話しかけた時に『うっせー、デブ！』って急に言われたんだよね。オレはすごくムカついたんだけど、その子は後は何もなかったように話しかけてきたんだ。でも、オレはアイツを許さないと思っている。絶交だと思った…。だから、誰でもいいからぶん殴りたい気持ちだったんだ。コーノに止められなかったら、もっと周りの誰かをぶん殴っていたかもしれない…」

抑えられない気持ちを言葉にしました。

「そうか、学校でのタケちゃんのムカつきが、ハヤテのいつもの冗談も聞き流せず、一番心を許せるハヤテに攻撃として向かっちゃったんだね…。後悔してるんだね」

「あ〜あ（深いため息と共に）、ハヤテとも絶交になっちゃうのかな〜」

「そんなはずないよ。ハヤテとは小さい時からこうしてずーっとケンカしても仲直りを繰り返してきてるんだもん。タケちゃんの気持ちを話せばわかってくれるよ。仲間を大事にするハヤテにも、タケちゃんは大事な存在に違いないとコーノは感じているよ。タケちゃんが学童に復帰することを、誰よりハヤテが楽しみにしていたんだよ。コーノからハヤテに、タケちゃんの気持ちを伝えておくから大丈夫だよ」と、私の思いも伝えました。

「コーノ…ありがとうね、オレの愚痴を聞いてくれて…」ちょこんと頭をさげました。

その後、すぐに帰りの路線バスの時間だったので、タケちゃんは帰りの支度をして靴箱前に行くと、ハヤテが電球を顔に当てて、お化けの真似をしておどけていました。タケちゃんとハヤテは笑顔を交わし、タケちゃんから「ハヤテ、バイバーイ」と声を掛けると、「バイバイ、明日ね」と、いつものようにハヤテが返しました。このやりとりできっと、タケちゃんのついてない日がリセットできたのだと思いました。

タケちゃんを見送った後、ハヤテにタケちゃんとのやり取りを伝えると、深くうなずきながら聞いていました。タケちゃんの気持ちは、ハヤテに充分に伝わったようでした。

いい日ばかりじゃない、ついてない日もある。楽しいことばかりじゃない、怒りもムカつきも含めて、その日その時の感情を受け止めてくれる仲間との関係が、安心の源です。学童の生活を共にし、時間を積み重ねながら関係を作ってきたタケちゃんとハヤテです。

✿オレの思い

この日、学校から帰ってきた3年ソウゲツに「おかえり」と声をかけると「ああ〜」と一言。普段から感情をストレートに表に出すので、感情の波が分かりやすいソウゲツです。おやつの準備をしながら、少し様子を伺っていると、私に向かって「オレのことを見て！」のアピールを向けてきました。この時、ソウゲツはキトやテンマと同じクラスなのですが、一緒に遊んでいても、このところ、ソウゲツがふと一人で抜けて、他のメンバーの遊びに入っている場面を見かけていたので、三人の微妙な関係が気になっていたところでした。

自分の思いを仲間に受け止めてもらえた実感を持てたソウゲツと、テンマとキトが、相手の思いを知ったことで三人の関係が修復できた場面です。

〈ゆきだるま号〉

オレの思い

一人ひとりに「おかえり！」と声をかけていると「ああ〜」言葉少なめ、浮かない表情の3年ソウゲツ。〝あれ？　あれ？〟と思いながら「ソウゲツ！　今日のおやつは温かいうどんだよ」と声をかけると

「ああ〜オレ、今日は食欲ないから…」

「そっか…大丈夫？」

ますます〝あれれ？〟と気にしつつ、おやつの準備に取り掛かっていると、ソウゲツは私の前に顔を突き出して言いました。

「ねえ、オレ、顔色悪くない？」さらなるソウゲツからのアピールに〝ほら、きたぞ〟

「学校で何か嫌なことがあったんでしょ？」と、私がさりげなく声をかけると

「うん…コーノ、後でオレの話を聞いて…」「いいよ、何でも話して…」

「オレさ、なんか…クラスの中で悪口を言われている気がするんだよな〜」

このところ、関係がギクシャクしていることが気になっていたので「キトとテンマのことでしょ？」と私から切り出しました。

「うん、キトとテンマがこっちをチラチラ見てるし、なんか学校で嫌なんだよな…」

「思い当たることもないのに、自分の存在が拒否されている疑いがあって、相手の気持ちがわからないのは嫌だよね。キトとテンマに直接話してみようか？」

「コーノから話してみて…」立ち向かう余力なく、椅子に深く座ったままのソウゲツでした。

キトとテンマを呼んで、ソウゲツの前で聞いてみると「悪口を言ったことがある」とのことでした。ソウゲツが、拒否されている空気を感じ取って嫌な気持ちでいることを伝え、嫌だなと思うことは、ソウゲツは直接自分に言って欲しいと思っていることを、私から伝えました。そして、

「ソウゲツが悪口を言われて傷ついているということは、ホントはキトやテンマと仲良くしたいソウゲツの願いがあるんだとコーノは思うよ…」と付け加えました。

そばで顔をこわばらせ、やりとりを聞いていたソウゲツが天を仰いで右手で目を覆ったかと思うと「ううっ…」と、しゃくり上げました。その姿を見たテンマとキトも、目をウ

ルウルさせて、何度も何度も目をパチパチさせていました。

「ソウゲツの気持ちが伝わったかな？　学校でソウゲツにも声をかけてね」「わかった」

キトとテンマは大きくうなずきました。キトとテンマが指導員室を後にしても、

「コーノ、オレが落ち着くまでもうちょっと一人でココ（指導員室）にいさせて…」

そう言っていたソウゲツでしたが、しばらくすると
「ねえ、コーノー、トランプしようぜ!!　ババ抜きしようぜ！」「えっ？　もういいの？」

このソウゲツのアピールのウマさと切り替えの早さは、アッパレです。

次の日、テンマに「おい、ソウゲツ！　サッカーやるぞ！」と、声をかけられ、

「ああ～いいよ、ちょっと待ってて！」声を弾ませるソウゲツの姿がありました。

ぶつかったり、傷つけあったりしても、自分の思いを受け止めてもらえて、ホンの少しの手助けがあれば、しなやかに関係を修復していく子どもたちです。

✿女子会？

身体の成長が著しい高学年女子たちですが、年頃の娘を持つ保護者は、成長に応じて新たな心配事も生まれます。

自分のことを「オレ」と呼ぶラムは、身体の変化を受け入れられずにいるのです。ラムのお母さんが「ねえ、コーノ、私からラムに言っても聞かないんだよね〜」と相談をしてきました。親は近すぎるからこそ向き合えないということもあるので、高学年女子の共通の話題として私からもちかけ、「女子会」になったのです。学校の友だち同士でも話していないことも意外でした。

1年からずっと一緒に育ってきた姉妹のような関係の中で、成長の喜びを話しました。迎えに来た他のお母さんたちも「そういえば私もそうだったわよ」なんて、6年女子たちと一緒に少女気分に浸っていました。

かたくり

原市場かたくりクラブ通信

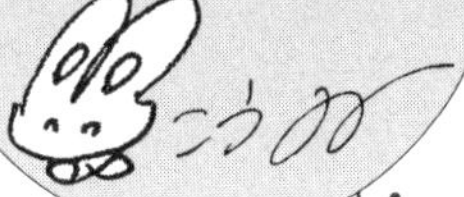

〈みぞれ号〉

女子会？

週明けの学童に帰ってきた6年ラムが、私に言いました。

「伸枝さ～ん（私のこと）、何だか久しぶりだねえ～。美知子さん（相棒指導員の伊藤ちゃんのこと）は、今日は見かけないけど、どうしたの～？」こんな話しかけ方です。

先日は、すれ違いざまに、ラムの目の高さが私と同じになっていることに気づいて、びっくりしました。

高学年になってくると、当然成長と共に身体も変化してきます。胸元を気にして、Tシャツの前部分を引っ張りながら走っている姿も見かけます。6年ミホとノンが、学校から帰ってきたところに私の方から

「ねえ、同じ学年の友だち同士で身体の変化とか、下着についての話とかするの？ お母さんとは話したりする？」と問いかけると、ミホとノンが慌てて

「えええ～、いやだよ～。そんなキモいことは友だちとも話さないよね～」「そうだよ」

「だって、身体が変わるってことは、成長する上で当然のことなんだから、別にキモいことじゃないんだよ。ちゃんと6年みんなで話してみようよ」「いいよ～」

ミホ、ノン、ラム、マユと私と本棚前で「女子会」が始まりました。

「胸が膨らんでくると、動く時に気になるからブラした方がいいよ。ちゃんと着けてる？」

「着けてないよ。お母さんが買ったのは、おばさんっぽい色だからイヤだよ～」

「つけたくたって、私は（胸が）ないからね、へへっ」

「スポブラがいいよね、目立たなくて…」

「ぜったい、かわいいのがいいよね」

「そうそう、この頃は上下お揃いのかわいいのがいっぱいあるよ。今度、お母さんと一緒にショッピングしたらいいよ。お母さんとの話題も楽しみも増えたってことだね」

ぶっちゃけトークを繰り広げながら、話題は、年が明けてからの高学年遠足のことになりました。今年はディズニーランドがいいとか、シーがいいとかの話をしながら、ラムが「今年は、オレは、女子チームに入ろうかなー」と言い出しました。これまで毎日、ほとんど男子と共に行動し続けてきたラムです。みんな目を丸くして

「ええっ？　なんで、そう思ったの？」

「オレは、去年、男子チームだったけど、ジェットコースターみたいなのが怖かったから、今年は女子チームに入ろうかなあ～」と、しみじみと言いました。すかさずノンが、

「わああ～、ラムが、女になったあ～!!」大きな声で叫びました。

この時のことを、お迎えのお母さんたちに伝えると、ノンママとシュンスケ母さんは
「私も、6年の頃には、身体の変化がすごく嫌だったよ」「そうだよね、私もだったよ」

お母さんたちも昔（？）を振り返って、子どもたちの思いや戸惑いに心を寄せました。

ミホ、ノン、ラム、マユは、姉妹はいません。それぞれに違いはあっても、小さい時から、学童での生活の中でこうして分かり合い、育ちあってきた姉妹のような関係です。

指導員と目の高さも同じになり、会話のやりとりも対等になってきた、たのもしい6年女子たちに、私たち指導員も癒されながら過ごす今日この頃です。

✿心も体もあったまるおやつの時間

成長段階にある子どもにとって、おやつは補助栄養食としても大切ですが、友だちとのんびりおしゃべりしながら食べることは、子どもたちの精神面からもホッと心癒せる大切な時間です。

指導員は、子どもたちが帰ってくる前に栄養のことだけでなく季節や天気に合わせて、旬のものや子どもたちの嗜好を考え合わせながら準備します。寒くなると子どもたちも、体のあったまるおでんやうどんなどを喜びます。

この時は、学校の畑で取れた大根を教頭先生にたくさんいただいたので、おやつのおでんにして、たっぷり食べました。特に、高学年男子たちの食べっぷりは見事で、「おかわり～」の行列ができて、大きなお鍋は空っぽになりました。

かたくり

原市場かたくりクラブ通信

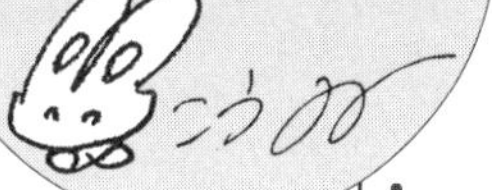

〈風花号〉

心も体もあったまるおやつの時間

すっかり冷え込んできました。学童に帰ってくる子どもたちの姿を思い浮かべながら、指導員は毎日のおやつを準備します。みぞれまじりの冷たい雨がふる日…。

「今日は寒いから温かいものにしよう！」おやつにおでんを煮込むことにしました。

2年ユウゲツが「あったかおでん」をハフハフ言いながら口いっぱいに頬張っていました。あまりにおいしそうに食べるので、声をかけずにはいられなくなって、私から

「ユウゲツ、おいしい？」「うん」返事もそこそこにバクバク食べ続けるユウゲツ。

「よかったよ。ユウゲツが喜んでくれて。また、ユウゲツが喜んでくれるようにコーノはがんばっておやつを作るね」ユウゲツに声をかけると、

「オレは、コーノが欲しいものは何だって買ってあげるよ。今オレ、一五〇円持ってるからね。コーノが行きたいところがあったら、どこだって連れて行ってやるよ」「う

わっ！　ユウゲツ、コーノはチョーうれしいよ～」
ユウゲツの隣で、5年チーくんもバクバク…。おかわりのお皿を差し出すので、
「ええ～、チーくんは何杯め？」とたずねると、チーくんは「5年だから、いいんだよ」
きっぱりと言い切りました。帰りも遅く、体の大きい高学年には、少し多めにおかわり
があることを、チーくんはちゃんとわかっていました。
お母さんに伝えると、家では、チーくんはおでんをあまり好んで食べないそうです。み
んなで「おいしいね」と言いながら食べるおやつは、格別なのです。
6年シュンタローー、ユウマもおかわりのおでんを「もっと、もっと！」とてんこ盛り…。
あまりのおいしそうな食べっぷりに、相棒の伊藤ちゃんが近くの6年ミホに
「ねえ、汁だけでもちょこっと飲ませて！」と、つめよりました。「ええ～？」おどろく
ミホに、シュンタローが伊藤ちゃんに言い聞かせるように
「もし、これが1年の時だったら『いいよ』って言ってあげられるけど、6年になると
『ちょっと!?』ってなるんだよね～」
それが成長というものです！　説得力あるシュンタローの言葉に、伊藤ちゃんは首をす
くめ、みんなで大笑い。心もポッカポカ…大きなお鍋は空っぽでした。

✲カメの気持ち

生き物大好きの5年シュンスケが二年前、道で拾ってきた二匹のカメを、学童保育の青色のキングタライで飼っていました。

夏休みのある日、シュンスケが二匹のカメを川に放したい、と言い出して、高学年男子と近くの川に放しに行くことになりました。

カメを放した後のシュンスケとの会話が心に残ったので、「クラブ通信」にしたのです。

時に、彼らは年下の子どもたちの遊んでいるところを「じゃま。どけっ！」と蹴散らし、横暴な行動も見かけます。指導員が声をかけると「うっせー！」と、反発することもあります。そんなヤンチャ三昧の彼らではあるのですが、カメの気持ちを考えられるほどの、優しさや思いやりを持っているのです。

こういった子どもの心温まる事実が、目の前の子どもを諦めず、投げ出すことなく立ち向かっていく私の勇気となるのです。どんな子どもも問題行動一色ではない。私は、子どもの心深くにある情動に触れ、共有できた時に、子どもを心底いとおしいと思うのです。

シュンスケの母さんがこの「クラブ通信」を読んで「シュンスケから学童で育てている

カメの話は聞いてはいたけど、親も知らなかった我が子の姿を、こうして『かたくり通信』で知ることができてうれしい」としみじみと話してくれました。子どものいとおしさを保護者と共有できると、喜びも倍にふくらみます。

〈編集部　注〉カメの放流について

日本には、在来種として三種類のカメがいます。イシガメ、クサガメ、スッポンです。かたくりクラブで飼っていたカメは、イシガメとミドリガメだったそうです。

夜店などで売られている通称ミドリガメ（ミシシッピアカミミガメ）の飼育放棄による放流で、日本の生態系が損なわれる恐れが、生態学者などから指摘されています。

飼っているカメの種類を特定し、そのカメが外来種の場合、むやみな放流は控えた方がよいでしょう。

一般にカメの寿命は、四十〜五十年といわれています。専門家は、「カメを飼う時は、そのくらいの年月にわたって付き合う覚悟をしてから、飼うようにしてください」と訴えています。

〈ひぐらし号〉

カメの気持ち

5年シュンスケが、二年前、偶然に学童の前の道路を歩いていた一匹のカメを拾ってきて、学童の青色のキングタライで飼ってきました。またまた半年前、学童の前の側溝にいたカメをもう一匹拾ってきて

「カメキチ（カメの名前）にも仲間ができて、さびしくなくてよかったね」

子どもたちは二匹のカメを大事に飼ってきました。

夏休みの八月三日、二匹のカメをじっと眺めていたシュンスケが私のところに来て、

「ねえ、コーノ、カメを放してあげてもいい？」

思いもかけないシュンスケの問いに驚きながらも

「シュンスケの拾ったカメだから、シュンスケがそうしたいんだったら、コーノはそれでいいと思うけど、どうして急にカメを放してあげようと思ったの？」

「なんかさ、このカメは一日中歩き回っても青色しか見えなくてかわいそうだから、コーノ、このカメを川に放してあげようよ」

なるほど、青色のキングタライの中で過ごすカメは、来る日も来る日も青色しか見ていないことにシュンスケは心を痛めたのでした。他の子どもたちにシュンスケの思いを話すとみんな納得し、カメを放すことにしました。

5年シュンスケ、ショウ、フウキ、4年ソウゲツ、タクミの五人と私で学童の裏山の沢にカメを放しに行きました。五人の子どもたちは、水の流れが速いところは、カメが流されないようにみんなで石でせき止めて流れを緩やかにしたり、カメが危なくないように環境を整えてから、ソウゲツが寂しくないようにと岸に二匹のカメをくっつけて並べて置きました。

カメを置いた後も「これで大丈夫かな?」何度も確かめて「バイバイ、元気でね」手を振った後も、子どもたちは何度も振り返るのでした。

カメを放して、口数少なく学童にトボトボ歩いて帰る道中、シュンスケがポツリ。

「コーノ、カメってね、なにげ、色も見えるし、言葉だってきっと分かっているよ」

カメのためにはこれでよかったんだ、そう自分に言い聞かせるように、しみじみとつぶやきました。きっと、カメはシュンスケの言うようにタライの青色ばかりの世界から、気持ちのいい沢で元気に暮らしていくだろうと思うのです。

普段、ヤンチャ二味の高学年男子たちとはぶつかることもあるのですが、言葉も主張もしないカメの気持ちに立って考えられるほどの細やかな優しさや思いやりを持ち合わせていることに触れ、心がホッコリ温まるのでした。

✤気の合う友だち

３年カエデちゃんは一人っ子で、おじいちゃんとおばあちゃんに大切に守られながら生活をしていました。大勢での学童の生活に、なかなかなじめないカエデちゃんでした。入所した頃は体調も崩しやすく、「今日は赤コース（下校班・自宅方面）で帰ります」との連絡がよく入りました。ママと週末しか会えない寂しさも抱えているカエデちゃんに無理強いはせずに、カエデちゃんのペースでゆっくりと学童の生活に慣れてくれればいいと思っていました。しばらくは指導員と一対一での遊びを楽しみながら、そこを拠点に友だち関係を広げていきました。

同じ学年のサラちゃんと砂遊びしたり、お絵かきをしながら関係が深まりました。互いの存在を認め合い、一緒にいても無理しなくてもいい関係をつくっていきました。

弱々しい印象のカエデちゃんでしたが、今年は学童のキャンプに一人で参加し、途中入所したハルナちゃんをリードしていました。

この前、お迎えに来たママに、「私は、６年まで絶対に学童をやめないからねっ！」力強く断言したカエデちゃんでした。

かたくり

原市場かたくりクラブ通信

〈福は内号〉

気のあう友だち

3年カエデちゃんは、2年の時に学童に入所しました。一人っ子のカエデちゃんは、大勢でガチャガチャと騒がしい学童の生活になかなか馴染めず、体調を崩すなど学童を休みがちでした。

学童でも、友だちの輪の中に入るというより、一人でコツコツとアイロンビーズをするなどして過ごすことの多いカエデちゃんでした。こちらから無理強いはせずに、カエデちゃんのペースを守りながら、ゆっくりと自分の居場所を広げてくれればいい、と願って見守ってきました。

そんなカエデちゃんが3年生になって、マンカラ（対面型のおはじきを使ったボードゲーム）の遊びにハマって、指導員に何度も対決を挑むようになりました。また、マフラー編みや縫い物に挑戦するなど、新たな遊びや活動に自らチャレンジし始めました。

友だち関係にも変化がありました。特定の友だちというより、宿題やその場の遊びの時にのみ関わる友だち関係でしたが、最近になってカエデちゃんは、いつの時もサラちゃんと二人で過ごすことが多くなりました。

校庭の砂場から「コーノ〜、時間が空いたらこっちに来てね〜!!」と、呼ぶ声がして振り向くと、カエデちゃんとサラちゃんが二人で砂場に座っていました。砂場に行くと二人は満面の笑顔で、

「マカロンとケーキを作ったから、よかったらどうぞ召し上がれ！」

砂で固めたマカロンと葉っぱで飾られた砂のケーキが、たくさん並べてありました。私は、砂のマカロンとケーキをパクパク食べるまねをしながら、カエデちゃんに

「この頃、学童でカエデちゃんはとっても楽しそうだね」と話しかけると

「そう、サラちゃんと一緒にいると楽しいよ。サラちゃんは、不器用な私にいろんなことを教えてくれるんだよ。今日も、私が砂をなかなか上手に固められなくてボロボロと崩れるのを見て、サラちゃんが『こんなふうにすればいいよ』って教えてくれたんだよ」

カエデちゃんは、目をキラキラさせて話してくれました。

部屋の中でも二人は、体をくっつけ合ってお絵かきを楽しんでいました。

「何を書いてるの？」と声をかけると「フランスのパン屋さんだよ」サラちゃんが差し

出した絵は、フランスパンなど美味しそうなパンが沢山並んだパン屋さんの絵でした。

「サラちゃんはすごく上手でしょ？　私のはヘタクソだけど…」

恥ずかしそうに差し出したカエデちゃんの絵にも、美味しそうなドーナツが描かれています。サラちゃんも、カエデちゃんのことを話してくれました。

「カエデちゃんね、一緒に絵を描くときにおもしろいことを言うからね、楽しいんだよ。『ねずみのしっぽは、干からびたミミズみたいだよね』とか言って、おかしいでしょ？」

カエデちゃんのことを話す時のサラちゃんは、ホントに楽しそうに話してくれるのです。

サラちゃんは、いつも穏やかな口調ですが、近くで「コーノはババア！」と、ふざけて言い放つ子がいると、私の服の裾をツンツン引っ張りながら「コーノ、私はそうは思わないからね」きっぱりと自分の意見を伝えるサラちゃんです。そんな二人が、互いに無理をしなくても、一緒にいて楽しいと思える時間を重ねながら、信頼できる関係を築いてきているように思えます。

子どもたちは、それぞれの自分のペースで、学童の生活の中で人との関係をゆっくり広げていきます。

✿ストーブの周りで

マーちゃんは、3年生の六月に転校してきて、学童に入りました。ママは、マーちゃんを育てながら初めて仕事に就くことになりました。マーちゃんも、初めて学童保育に入ることになり、マーちゃん親子の生活は一変することになりました。

ことあるごとに私が「大丈夫？　困ったことがあったら何でも遠慮しないで話してね」と声をかけると「だいじょうぶ！」と、マーちゃんは、いつも素敵な笑顔を返してくれました。毎日学童に帰ってくると「四ツ葉のクローバーを探そう！」私を誘ってきては、一緒に学童の庭で四ツ葉のクローバーを探し、東京での思い出や家族の話をしてくれるマーちゃんでした。

ところがある日「学校が終わった後はいいんだけどね、何か学校がめんどくさい…」と、気弱につぶやきました。気になって、お迎えの時にママに話すと、その日の朝は学校に行き渋って、担任の先生が家に迎えに来てくれたとのことでした。素敵な笑顔でしっかりしているマーちゃんだけど、新しい環境に変わったことの不安や緊張が見え隠れしました。

学童でアヅちゃんやカエデちゃんとのつながりを広げながら、マーちゃんは少しずつ一輪車や編み物など新しい遊びにもチャレンジしていきました。

日暮れが早くなり、室内で過ごす時間が長くなると、マーちゃんから「ねえ、コーノ、マフラーの編み方を教えて！」と毛糸と編み棒を持ってきました。器用なマーちゃんはすぐに棒編みをこなすようになり、ストーブの周りで編み物仲間と体をくっつけ合って語らいながら、ゆったりと少女の時を刻んでいました。

この『かたくり通信』を配布した後に、マーちゃんのお母さんから手紙をもらいました。マーちゃんのお母さんは仕事から帰るのが遅いので、お迎えはいつもお祖父《じい》ちゃんです。お迎えに来たお祖父ちゃんから手渡された手紙です。

> 日頃よりお世話になっております。お迎えや行事に参加できない分、『かたくり通信』を楽しみにしております。
>
> その『かたくり通信』にマサコのことをのせていただき、ありがとうございました。仕事から帰宅すると、娘はすでに眠っているので、話ができるのは朝だけです。学童での様子がわかり、またその内容にも思わずジーンときてしまいました。親が教えてあげられないことも、この編み物のように教えていただけたり心に寄り添っていただいたりと、親身になってくださることに本当に感謝しております。
>
> もう一枚の通信では男の子たちの様子がありましたが、つきあっていくのは根気のいること

です。さまざまなお子さんがいる中で、一人ひとりに寄り添っていただけることに頭の下がる思いです。

娘の作ってくれたマフラーやバッグを見るたびに、私だけではない、応援してくれる存在があると思い、前向きな気持ちになります。なかなか思うようにならず一歩が踏み出せない時もありますが、娘の気持ちが無駄にならないよう頑張りたいと思います。

この後も、お母さんが「今までは『宿題をやっているかどうか？』だけに気をとられていたけれど『かたくり通信』を読んで、娘がこうして仲間や指導員と一緒に素敵な時間を過ごしていることが分かると、友だちとこうして過ごせることが大切だな、と思えました」と話してくれました。

かたくり

原市場かたくりクラブ通信

〈紅葉号〉

ストーブの周りで

日暮れが早くなり、夕方は冷え込むので、とうとう学童のストーブにも火が点きました。

「ねえねえ、コーノ、マフラーの編み方を教えて！」

3年マーちゃんが、ピンクの毛糸と二本の編み棒を持ってきました。

「棒編みは、ちょっと難しいかもしれないけどチャレンジしてみる？」

「うん、やってみる！」

ピンクのマフラーを編み始めたのは、ひと月前のことでした。最初はなかなか上手くいかなくて、

「ねえ、コーノ、ここちょっと分かんなくなった！　穴が開いちゃったから直して～」

と解き直したり、つっかえつっかえでしたが、このところ手馴れてきたので、私がいなくても宿題が終わった後に一人でも、せっせと編むようになりました。

四時半の帰宅時刻を告げる「よい子の放送」で入室した後、宿題も終えたマーちゃんが私と編み物をしていると
「コーノ、私にも教えて！」２年ミヅキが声をかけてきました。

２年ミヅキ、アオネ、３年マーちゃん、６年マユが毛糸を持ってストーブの周りに集まってきました。押し合いへし合いしながら、のんびりゆったり、おしゃべりしながらの編み物タイムです。マーちゃんとミヅキは棒編み、アオネはリリアン編み、マユは指編み。それぞれの編み方、それぞれのペースで毛糸玉を転がしながらの手作業。マーちゃんが「コーノー、一緒に編み物しようよ。ここに座って！　コーノがそばにいると、失敗しても直してもらえて安心だからね。ねえ、コーノは編み物をいつ、誰に教わったの？」

「コーノは、小学２年の時にお母さんに教えてもらったよ。昼間は忙しいお母さんだったけど、晩ご飯を食べた後にいろんなことを教わったよ。コーノが一番最初に編んだのは、お祖母《ばあ》ちゃんの腰紐《ひも》だったよ。喜んでもらえると嬉しくなって、何本も編み続けたよ」と昔話になったり。

「マーちゃんのピンクのマフラーは誰にあげるの？」「お母さんかなあ…」

「マーちゃんのお母さんは電車で遠くまで仕事に行ってるから、きっと助かるね」

３年アヅキも、黒色の毛糸と編み棒を持って入ってきました。

「ねえねえ、私にも教えて！　私は、黒が好きなんだよ。地味だって言われるけどね」「リュウちゃん（パパ）にあげるの？」「いやいや、私のだよ！」きっぱり言いました。初心者のアヅキに、マーちゃんが助っ人に入ったりして、編み物ブームがじんわり広がっています。3年カエデちゃんも、黄色い毛糸と編み棒で編み物の輪に加わりました。「ねえねえ、コーノ、マフラーになるにはまだまだだけど、けっこう進んだでしょ？」「おお、けっこう進んだね〜！　一編み一編みが重なっていくと楽しいよね」

晩秋の夕暮れ、ストーブを囲んで家族や学校、友だちの話をしながら、心地よい時間がゆったり、のんびりと過ぎていくのです。マーちゃんは、今日も、二本目のマフラーを仕上げ、満足そうに首に巻いて帰っていきました。少女の時を一編み一編み刻んでいるようなマフラー編みです。

お楽しみ行事や取り組み

学童保育では、一年を通して、日常の生活の中で四季折々の行事に取り組みながら、子どもたちの成長を援助していきます。

子どもたちや保護者と話し合いながら、子どもたちにとって、心待ちできる行事や取り組みを計画します。

キャンプ、学童祭り、お餅つきなどの大掛かりな行事は、保護者たちの協力を得ながら計画し準備を進めます。

キャンプは、かつて保護者会で「今年はキャンプを止めて日帰りにしようか？」と話し合っている時に、隣の部屋で遊んでいた子どもたちの耳に入ったらしく、子どもたちが保護者会に乗り込んできたのです。「ぼくたちはキャンプにどうしても行きたいです！」と説得した結果、保護者たちは「子どもたちがあんなに楽しみにしているんだから、何とか実現できるようにしよう！」とキャンプが続行されたこともありました。

私の学童保育は、約半数は単身家庭なので「家族だけでキャンプに行けないから、学童保育で子どもも保護者もみんなで楽しめることがうれしい！」という保護者も多いのです。

行事や取り組みの中で、普段は見せない子どもたちの意外な一面が垣間見えたり、子どもたちが助け合っている場面を見かけます。大勢で取り組む行事の中でも、「一人ひとりがどんな思いを抱いて、行事や取り組みにどのように臨んでいるのか」を見据えながら『かたくり通信』を書いています。

子どもたちが「みんなでやって楽しかったね」「またみんなで行きたいね」と次を心待ちできるような行事活動をつくっていきたいものです。

✿突然の雷雨

学校休業日は、子どもたちは朝八時〜夕方六時半までの十時間半を学童保育で過ごします。わがかたくりクラブは、駅から遠く（車で二十分ほど）離れているので、大勢で遠くへお出かけするにも不便です。子どもたちと相談し、一日保育をどう過ごしたいかを考えます。

この日、お昼のかけうどんとメンチカツをみんなで作って食べて、おやつは近くのコンビニで「買い物おやつ」にしようということになりました。一人二〇〇円を持って、コンビニで自分の好きなおやつを選ぶのです。高学年男子たちが今か今かと楽しみにしているところに、突然の雷雨でした。雷雨の中を「今すぐに行こう！」とする高学年男子たちに、さんざん振り回されました。

この『かたくり通信』を読んだ小学校の教頭先生は「この日、私は職員室にいて『もうちょっと雨がやむのを待てばいいのに』と思っていましたが、背景にこんなドラマがあったんですね。目に浮かびます。学童さんも大変ですね」と大笑いでした。

かたくり
原市場かたくりクラブ通信

〈新緑号〉
突然の雷雨

五月一〇日は、原市場小学校開校記念日のため、一日保育でした。

子どもたちは、家から自分の玩具を持ちこみ、友だちと一緒に貸し合うことを楽しみにウキウキ気分で朝から学童にやってきました。

高学年男子たちは、自前のとっておきのカードを持ってきて、朝からカード対決をしていたので、

「ねえ、今日のおやつは、みんなでコンビニ買い物おやつにする?」と話すと
「ヨッシャー!!　たまにはいいこともあるじゃんか〜!」5年テンマがガッツポーズ!

「よしっ、じゃあ、このメンバーで一緒に行こうぜ!」6年ショウもウキウキ気分。

「ええ?　まだお金の計算ができない低学年も行くんだから、高学年は面倒を見てくれなくちゃ、みんなで買い物おやつに行くことはできないよ」と私が言うと

「そんなの指導員が面倒を見ればいいじゃん！」５年ソウゲツが軽く言い放ち
「それほどの指導員の人数はいないんだよね。じゃあ、今日はやめようか…」

「わかったよ〜！　じゃあ『これとこれが一八〇円だから残りでこれが買えるよ』とか
１年に教えればいいんだろう？」５年キトが観念したようにつぶやきました。

「ほら、教え方もちゃんとわかってるじゃん。じゃあ、二時になったら行こうね」

「お願い！　ねえ、二〇〇円じゃなくて三〇〇円にして!!」おねだりする彼らに
「今日、一人三〇〇円使ったら、明日からのおやつが少なくなるよ」と言い諭しました。

あとは、お昼作りの「かけうどんとメンチカツ」をおなかいっぱい食べて、二時の買い物おやつを待つばかり。

そこへ、バラバラと大粒の雨が降り出し、カミナリがゴロゴロ鳴りはじめました。

「今すぐに行こうよ!!　早く行かないと行けなくなるから、今行こうよ！」

あげくは「オメエ（指導員）らが行かせたくないから」

「えっ？　雨を降らせたのは私たち？」

大雨と共に高学年男子たちが大騒ぎし始め、その矛先は指導員に向けられるのでした。

「まだ時間はあるし、大雨やカミナリが今は危ないから、ちょっと待てばいいよ」

指導員がかわるがわる声をかけたものの、そんな言葉は高学年男子たちの耳には届かず、

「傘さしていけばいいだろう！　指導員が車でコンビニまで何度も運べばいいだろう！」

「指導員が行かせたくないからって、そんなことを言って行かせないつもりだろう」

「オレは、カミナリも何も怖くねえ…」「オレも…」

稲光とどしゃ降りの中を指導員がとめるのも聞かず、高学年男子たちは学童の庭を走り回っていました。まだまだ大人になりきれない、欲望むき出しの彼らのエネルギーに向き合うのは、たやすいことではないのです。

部屋で待っていた子どもたちは、二時になると雨もやんで買い物おやつに出かけていきましたが、雨の中を走り回ってびしょぬれになった高学年男子たちは、当然居残り…。しぶしぶ「ごめんなさい」を言ってきた彼らに「高学年だけの学童の生活ではない」ことを伝え、二〇〇円を渡すと、コンビニへ一目散に走っていきました。

学童に帰ってくるとご機嫌な様子で
「ねえ、このガムを買ったんだけど食べる？」満足げに差し出してきました。

その後は、雨の上がった校庭で、高学年男子たちが年下たちに呼びかけて「増やし鬼」を楽しんでいました。子どもたちは身も心もいっぱいに楽しんだ、長い一日でした。

✻嵐の夜　～キャンプにて～

夏の大イベントのキャンプの時の出来事です。この日、普段と違うテンマの一面を見たようで感動しました。

この後も、テンマはいろいろとしでかすのですが、私はこの時のテンマの姿を思い出しては「いざとなると、テンマは大丈夫！」と思えるのです。

嵐が去った後、子どもたちが寝静まると、日頃仕事に子育てに疲れている親たちは、お楽しみの交流会に入ります。テンマの父ちゃんやソウゲツのママにテントでの様子を伝えると、一緒に笑い転げました。

お祖母《ばあ》ちゃんも参加したユウカは帰りに

「来年までは待てないから、夏休み中にもう一回キャンプに行こうよ!!」と叫びました。

子どもたちが仲間とつながり、いきいきと楽しんでいる姿を見て、仕事の合間に準備で忙しかった保護者たちも「やっぱりキャンプに行ってよかったね～」と満足げでした。

かたくり

原市場かたくりクラブ通信

〈くわがた号〉

嵐の夜
～キャンプにて～

子どもたちが、指折り数えて楽しみに待っていたキャンプ。キャンプ場に着くと、ロング滑り台へ走るグループ、クワガタを探して林の中を歩くグループ…。昼間は、思い思いに汗まみれで遊びました。

日が暮れると、お父さんお母さんたちと作ったカレーを夕風に吹かれながら食べました。シャワーを浴びてそれぞれのテントに入り、寝床の準備をする頃、急に大粒の雨が降り出し、近くの山に稲光が走り、あっという間にキャンプ場が豪雨に包まれました。すべてのテントも停電になりました。（既設のテントなので、テントにも電気があります。）

大人たちが台所で待機していると、男子テントの方から懐中電灯のライトで「ＳＯＳ」の合図が見えます。私が急いで男子テントに駆けつけようと土砂降りの中を走り出すと、すってんコロリン！　泥水の中にスライディング！　びしょぬれ泥まみれになりながら駆けつけると、子どもたちのいつものヤンチャぶりはどこへやら…。みんなで身を寄せ合って「コーノ〜、こえ〜（こわい）よ〜」

「コーノがいるから大丈夫！　こんなピンチの時こそ、みんなで助け合うんだよ〜！」

私の掛け声に反応した3年テンマが「よーし、1年を真ん中にみんなで固まれ!!」と声をかけると、真ん中に1年マイク、ユウマを囲んで4年タカシ、3年キト、テンマ、ソウゲツ、シュンスケ、タケトがガードするように固まりました。

また、暗闇の中でテンマが立ち上がってみんなに声をかけました。

「おい、おやつを持っている人は出せ！　みんなで分け合って食べるんだ！　寒いヤツは、寒くないように毛布をかけろ！　毛布は、そのまま使うんじゃないぞ！　係の人が、毛布を使う時は、シーツをかけないと次の人が使う時に汚れるって言ってたろう！　ちゃんと係の人の話を聞いてたのか？　さあ、みんなでおやつを出し合って食べるぞ！」

遭難さながらの暗闇のテントの中、懐中電灯の明かりを頼りに、荷物の中からゴソゴソと出し合い、みんなで分け合って食べるおやつは、なかなか味わい深いのでした。

そうこうしているうち停電が解消され、テンマが「トランプするぞ！　集まれ！」

ソウゲツは怯えたままで「コーノ、どこにも行くな！　ずっとここにいろっ！」

普段は見せない、それぞれの一面を垣間見た嵐の夜でした。

この嵐の夜にリーダーとして、みんなの前に立ち、声をかけていたテンマでしたが、キャンプの帰りのバス待ちの時に、一人でポリポリお菓子を食べています。「あれっ？　あの時、みんなでおやつを出せ！　と言いながら、テンマは自分のお菓子は出していなかったってこと？」私がたずねると「うん、そうだよ‼」とケロリ…。こんなオチもありなのです…。

夜の交流会で飲みすぎた大人たちも、遊びきった子どもたちも、それぞれに仲間同士のつながりを深めたようで「来年も、ぜったいにキャンプに行きたいねっ‼」の声があがりました。こうして、夏の大イベントのキャンプも楽しく幕を閉じたのでした…。

第Ⅲ章

子どもを理解する

部屋の隅でカードゲームに夢中の男子たち

子どもたちの内面を探る

学童保育に帰ってくる子どもたちが、どの子にとっても心の拠所となるような、安心を実感できる生活の場をつくり出すことが、指導員の仕事です。そのためには、指導員が目の前の子どもをどう理解しようとしているのか、私たち指導員の子どもに向き合う姿勢が問われていると思うのです。

そうは言っても、私にも余裕があって、子どもに関わっているわけではないのです。学童保育に帰ってくる子どもたちの中には、思うようにいかないと、相手を罵倒し、殴る蹴るの攻撃になり、それを引き止める指導員に怒りの矛先が向かってきて、こちらが攻撃をもろに受けることもあります。いくら相手が子どもとは言え、罵倒されて返す言葉も失うほどに心が折れることもあります。子どもたちの生活の中で抱えるストレスが、周りへの執拗な嫌がらせや攻撃となって弱いものに向かい、子ども集団の中で、ストレスがストレスを生み出す、負の連鎖にはまってしまうことにもなりかねません。

周囲への配慮を欠いているとしか思えない言動をくり返す子どもに振り回され、悪戦苦闘する中では、子どもの内面を理解できないままに、立ちすくむこともたびたびです。それでも、あきらめず、投げ出さず、子どもたちと向き合っていくと、そうならざるを得ない背景を抱えていたり、人との関係の中で異様なほどの緊張状態に置かれていることがあります。その緊張状態から解放された時に、一気に感情のコントロールがきかなくなるのです。

屈託なく笑う、悲しみや寂しさが溢れて泣く、カンカンに怒る、イヤだと拒否する、素直に喜ぶ、苦しいと訴える、困った時に人にＳＯＳを出すなど、日常にあるごくあたりまえの感情が緊張状態の中で溜め込まれ、抑えきれないほどの圧力となって溢れ出すのです。

時には激しい攻撃ともなる、子どもたちのそのまんまの感情と向き合い、受け止めていくと、関わりの先に、根っこにある優しさや寂しさや苦悩している姿が見えてくるのです。それは、「自分が大事にされているのだろうか？　愛されているのだろうか？」という子どもからの問いかけ（サイン）であり、大人の目が自分に向けられることにより、自分が大事にされていることを実感したいと願っている子どもたちの姿のように思えます。

子どもたちの根っこの思いや願いを、保護者たちとわかり合いたい思いで書きました。

✽イサナの手紙

2年イサナは学校から帰ってくると、しばらくはバタバタ走りまわります。やっと宿題に向かった時に、筆箱の中の鉛筆に目を奪われました。鉛筆が一本残らず、端から端まで全部噛み潰されていました。イサナの授業中の様子が目に浮かびました。

「イサナ、学校のお勉強が分からなくて、授業中、つまらないの？ それで鉛筆をかじっているの？」とたずねると、イサナはこっくりうなずきました。

イサナのTシャツは、胸の部分が噛み散らされてあり、レースのように穴だらけになっています。ママが、毎朝新しいTシャツを着させてくれても、その日のうちにボロボロに噛み散らして学校から帰ってきます。学校ではおとなしく静かに過ごしているというイサナは、鉛筆やTシャツを噛み続けることで気持ちのバランスをとっているようでした。

そんな時間を経て、イサナが学童にいるのだと思うと、少々のヤンチャぶりも大目に見ていこうと思えるのでした。

そんなイサナが、いつものように走りまわりながら大事そうに握りしめていた紙切れが、ママからの手紙でした。手紙には、イサナへの愛情あふれる言葉が書かれていました。

ママは以前私に、三人の子どもが自分の生きる支えだと話してくれたことがありました。

そんなママの思いは、イサナにとってもても支えになっていることが伝わってくる手紙でした。

ママの手紙に感動している私にまで、イサナは手紙を書いてくれました。

イサナは、ついふざけすぎて相手の怒りをかってしまい、トラブルになることも多いのですが、悪気がないので「なんで怒ってるの？」と、相手の気持ちを掴めずに落ち込んでしまいます。そんな時に私がそばにいたことに何度も「ありがとう」と書いてくれました。

さらに、入所式の時に新しい仲間たちへ手紙と絵を書いてくれました。イサナの優しさがあふれる手紙でした。

ヤンチャなイサナの背景には、ママをはじめとして多くの人たちのイサナへの愛情と願い、祈りが広がっていることを改めて感じた場面でした。

指導員として、日の前の子どもたちの背景に広がる多くの人たちの思いや願い、祈りもひっくるめて、大事なかけがえのない存在として関わっていこうと思うのです。

かたくり

原市場かたくりクラブ通信

〈つくし号〉

イサナの手紙

2年イサナが、学童に帰ってくると、バタバタ走り回りながら、手にずっと紙切れを握り締めていました。遊びの途中で両手を使うときになると、私のところに来ては
「コーノ、これを預かっててね。大事なママからの手紙だから、ちゃんと持っていてね」
「そっか。イサナがずっと離さないで持っていたのは、ママからの手紙だったんだね」
「そう。オレの誕生日にママからもらったんだよ。コーノだったら見てもいいよ」

～ママのだいすきなイサナへ…　7歳のお誕生日おめでとう
あのちっちゃなイサナが小学校に入って一年が経つんだね。ママは、忙しくて帰りが遅くなることが多いけど、いつもちゃんとお留守番してくれて、お手伝いもたくさんしてくれてありがとね。クリスマスの時にイサナがママにくれた手紙「ママ、大好

きだよ」は、ほんとうにうれしかったです。やさしい子に育ってくれました。ありがとう。イサナを怒ることもあるけれど、ママはどんなことがあっても、いつでもイサナの味方だし、イサナのことが大好きです。これからも、明るくて、おちゃめで、やさしいイサナでいてください。

ママより～

愛情溢れるママからの手紙を、イサナはうれしくて、肌身離さず持っていました。
「ママは、イサナのことを大切に思ってるんだね。こんな手紙をもらうとうれしいね」
と話すと
「オレさ、コーノに手紙を書いてあげる」
私に喜びのおすそ分けをしたいと思ったのでしょう。しばらくして
「イサナから、コーノへの手紙だって！」２年カイガが配達して届けてくれました。

～コーノへ…　　いさなより
コーノは、いつも、オレがないているときに、こえをかけてくれてありがとう。いつもありがとうございます。いつも、ずっとありがとう～

たどたどしい文字一つ一つにイサナの思いが溢れていて、心がじんわりと温かくなりました。

「イサナ、ありがとね。ホントうれしかったよ」お礼を伝えると、イサナは照れくさそうにうなずきました。

入卒所式の当日、イサナは1年生への手紙を自ら準備していました。

〜あたらしい　いちねんせいへ…　　　さとういさなより

こまったときは、ぼくにおしえたり、

なかされたり、いじめられたりされたら、ぼくにつたえてください〜

文字の下には、大きな木の下でみんなが手をつなぎあった絵が描かれていました。

イサナが描く絵のように、困った時は助け合ったり、つらい時は励ましあったり、支えあったり、みんなで手をつなぎあって楽しい学童にしていきたいです。

ママの深い愛と励ましの思いが、イサナを通して学童に広がっていきます。

✿オレが弟を守る

ソウゲツが3年になる時に、弟ユウゲツが学童保育に入所してきました。弟ユウゲツはADHDの診断を受け、特別支援学級に入りました。また、ユウゲツは生まれてすぐに心臓の手術も受けており、配慮を必要とします。弟が学童に入ってから、兄のソウゲツが神経を尖らせ、周りへ攻撃を向けるようになりました。

ママは、一人で二人の息子を育てています。生まれた時から障がいを抱えるユウゲツが入学するにあたってママは「ユウゲツが学校でいじめやからかいにあうかもしれない」と心配をしていました。ソウゲツは、ママの不安も一身に背負っていました。親子三人で、身を寄せ合いながら、守り合おうとしている家族の姿でした。

私は、不安を抱えたソウゲツに「私もソウゲツと一緒にユウゲツを守る」と伝え続けました。

ある日、ゴミ収集車が大好きなユウゲツが、ゴミを放り込んでいる職員の方に、『おじさ～ん、オレも手伝いましょうか？』と声をかけた様子をお迎えのバアバに伝え、「ユウゲツって、ホントにかわいいよねえ」とバアバと笑いあっていると、近くで聞いていたソウゲツが「コーノ、お前は一日も休まないで（学童に）来い！」と言いました。

オレの弟をかわいいと思ってくれるコイツだったら、一緒に守ってくれるだろう、と思えた瞬間だったのでしょう。その後は、1年男子を遊びに誘っては「オレのこと知ってる？　オレは、心臓の手術で胸の膨らんでいるユウゲツの兄貴だから、よろしくね」と言いながら、年下の面倒を見てくれるようになりました。周りへの攻撃も緩みました。

私は、この状況を『かたくり通信』に書くことで、学童の保護者たちにも、みんなでつながって支えあっていこう、とメッセージを送りたかったのです。

学童の保護者たちもお迎えの時に「ユウちゃん、かわいいね」と声をかけ合い、ユウゲツ親子とつながりながら支えてきました。

ソウゲツとユウゲツのママは、「オレが弟を守る」「ユウゲツの葛藤」の通信を読んで、手記を寄せてくれました。

「オレが弟を守る」

ソウゲツの行動の裏には、大切な弟・ユウゲツへの心ない言葉に、自らも傷つきながらも弟を必死で守ろうという気持ちがあり、それを一人で抱え込んでいたのです。

指導員と何度も話を繰り返す中で、ソウゲツは「指導員はオレの弟を守ってくれる」と実感したようです。小学校や学童保育は子どもの世界。親が介入してしまえば簡単に解決してしまうような問題であっても、子どもたちにユウゲツを理解してもらわなくてはなりません。

「ソウゲツやユウゲツには、これからの人生において、強くたくましく生きていけるように育っていってほしい」

私はあえて口を出さず、指導員にすべてをお願いして見守ることにしました。

「ユウゲツの葛藤」

友だちに謝ることができたユウゲツを抱きしめ、声をかけていると、横で経過を見守っていた指導員がユウゲツと同じくらい号泣！　ユウゲツの葛藤やユウゲツに対する私の覚悟が伝わったことがうれしく、また、ユウゲツを受け入れ支えてくれている指導員の気持ちに感動した出来事でした。

学童祭りの終了後の打ち上げでは、アルコールも入りながらお互いの子どものこと、それぞれの家庭のこと、仕事のことなど、いろいろ話しました。私は、ソウゲツやユウゲツのことを知ってもらい、障がいや病気のことなども話しました。

他の保護者も「ユウちゃんかわいいよねー」などとユウゲツを理解し、励ましてくれます。

指導員だけでなく、保護者同士の関わりの中でもユウゲツの居場所を感じることができました。
学童保育に入所し、子どもと共に親である私も、指導員や他の保護者に支えられながら成長してきました。

（「日本の学童ほいく二〇一一年十二月号」より抜粋）

こんなふうに前向きに現実を受け入れていくたくましいママは、この後、二人の息子を育てながら看護学校に通い、現在、看護師として働いています。
ママは学童保育の役員としても、学童保育の必要性と改善を求めて行政への働きかけを続けてくれています。

かたくり

原市場かたくりクラブ通信

〈はるかぜ号〉

オレが弟を守る！

3年ソウゲツは、弟ユウゲツが四月に学童に入所してから気もそぞろ…心、ここに在らずです。4年チーくんが学童にやってくると、1年ユウゲツが、チーくんに駆け寄り、愛しそうに抱きついて二人で〃おお〜久しぶり〃とでも言いたげににこにこハグしていると、背後からソウゲツが

「離れろ！　オレの弟にさわんじゃねえ！　前にオレの弟を殴ったことあっただろう！」

チーくんとユウゲツは、ソウゲツの荒々しい声かけに飛びのき、顔をこわばらせて離れました。

次の日、ユウゲツと同じクラスのヒロトがご機嫌で帰ってくると、姿を見るなり、ソウゲツがヒロトに殴りかかったのです。あわてて引き離しましたが、驚いたヒロトは、何が起きたか理解できず「ぼくは、嫌だー！　お迎えが来ても帰りません!!　ずっと寝てまーす!!」と、大声で泣き叫びました。

ヒロトを落ち着かせ、ソウゲツに理由を聞くと、学校のクラスの友だちの「アイツがお前の弟を殴ったぞ」との言葉を鵜呑みにして、弟の仕返しをしようと思ったらしいのです。学校に問い合わせると、そういう事実はありませんでした。そのこともソウゲツに伝え、力で押さえ込むことでは弟を守ることにならないと思うこと、指導員もみんなでユウゲツを守っていくし、ユウゲツのことを周りにわかってもらうことで守ろう、と話しました。

数日後、ユウゲツがテンマに基地に入れてもらえず、テンマにパンチしたことで、テンマが仕返しにでたところを、ソウゲツがテンマにとび蹴り!! 指導員が興奮した二人を引き離すと、ソウゲツは泣き叫びながら
「オレの弟の胸の傷を見たことがあんのかよー!! オレの弟は、ずっと小さい時から苦しんできたんだぞー。何もわかってねえくせにー!! うぜえーんだよー!!」

指導員の伊藤ちゃんが、テンマとソウゲツと話し、落ち着きをとりもどしたソウゲツに
「この前さ、コーノは、ソウゲツと『力で解決しない』って話しあったばかりだよね」

「わかってる。でもオレはママに『血を流してでも弟を守れ!』って言われてるんだ…」

「そうか、ママとの約束もあるし、お兄ちゃんとしてユウゲツが心配だよね。でもソウゲツが一人で守らなくても、コーノも伊藤ちゃんもみんなでユウゲツを守っていくよ」

「学童では、それでいいんだ。でも、学校では弟が『せせらぎ（特別支援学級）のくせに！』って言われるんだ。それが嫌なんだ…。学校では誰も守る人はいないんだ…」

荒々しいとも思えるソウゲツの言動の背景には、大事な弟への周りからの心無い言葉に、ソウゲツ自身も傷つきながら、弟を守ろうと一人で抱え込んでいたことがありました。

「学校の先生にもコーノが話すね。学校の先生も、ユウゲツをちゃんと守ってくれるよ」

その後、前号の『かたくり通信』に書いたユウゲツのことを、お迎えのバアバと笑い転げて話した時に、隣にいたソウゲツに「ユウゲツは、ホント、かわいいね～」と話すと、ソウゲツは笑ってうなずき、「コーノ！　お前は、一日も休まないで、学童に来い!!」

〝コイツなら、オレの弟を守ってくれるだろう！〟と、実感したのだと思います。

数日後、珍しくソウゲツがアイロンビーズに向かいました。アイロンビーズで「が・ん・ば・れ・ゆ・う・げ・つ」と作りました。弟への誕生日プレゼントだそうです。弟思いのソウゲツは、いつもユウゲツのことで頭がいっぱいのようです。

✿葛藤を越えて

ユウゲツは根っから人が大好きです。ユウゲツは、みんなに遊んでもらいたいので、ふざけてちょっかいを出したり、悪口を言ってみたりします。相手のことも構わずズカズカと踏み込んでいくので、強引とも思える行動に周りは戸惑い、「ユウゲツがいきなり基地に入ってきた！」「何もしてないのに悪口を言ってきた！」と相手が言うと、自分の存在が拒否されたと思い込んで、掴みかかって攻撃を向けるというトラブルが続いていました。

この日も、ユウゲツはアリスに遊んでもらいたくてボールを投げて、関わりのきっかけにしたかったのです。でも、アリスにはユウゲツの行動が理解できず、ユウゲツが意地悪をしてきた、と思い込んで、お迎えにきたユウゲツのママに言ったのでした。

ママは辛抱強く向き合いました。障がいと心臓の病気を持って生まれたユウゲツに、ママは「元気に産んであげられなくてごめんね。ママのところに生まれてくれてありがとう」と書いていました。ママの母親としての覚悟と、友だちの思いを受け止めようと葛藤するユウゲツの姿がありました。「通信」を読んだユウゲツのバアバも泣いたそうです。

この日以来、ユウゲツはアリスたちに誘われるようになり、学童のデッキを舞台に歌ったり、劇をみんなの前で披露しては、迎えに来た保護者たちを楽しませてくれるのでした。

かたくり

原市場かたくりクラブ通信

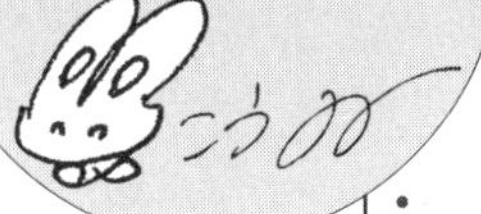

〈雨傘号〉

葛藤を越えて

1年ユウゲツママがお迎えに来たところに、4年アリスが「待ってました！」とばかりにユウゲツママに駆けよって、話し始めました。

「あのね、私は何もしていないのに、さっきユウゲツが顔にボールを投げてきたんだよ」

自分の不満をぶつけるように、言いました。

ユウゲツは、衝動性をコントロールできずに、つい衝動的に悪口を言い放ったり、場に合わない行動をとってしまうので、やられた相手はユウゲツのことを理解できずにトラブルになることが多いのです。悪気はなく、相手の思いを理解できずにいることもあるのです。そのこともわかった上で、ユウゲツママはユウゲツに対して、

「ユウちゃん、ボールを当てたことをアリスちゃんに謝んなさい！」と言い諭しました。

ユウゲツは顔をひきつらせ「いやだ！」うつむいて身を硬くしました。

「相手に嫌な思いをさせても『ごめんなさい』を言えない子は、もう置いて帰ります！」

頑なななユウゲツにしびれをきらしたママは強行手段に出て、建物の裏に隠れてみましたが周りからの攻めが強まるほど、ますますユウゲツは固まるばかりでした。

ユウゲツママは、もう一度ユウゲツの前に立ちました。

「ユウちゃんは自分がやったことを忘れているかもしれないけれど、アリスちゃんが嫌な思いをしていることは事実なんだよ。そのことについてはごめんなさいでしょ？　ママもユウちゃんと一緒に謝るから、一緒にアリスちゃんに謝ろう！　アリスちゃん、ボールを当ててゴメンね」ママがアリスに謝った時に、ユウゲツが

「アリスちゃん、ごめんなさい。ううう〜」搾り出すように言った後、泣き始めました。

ユウゲツママは「ユウちゃん、えらかったね。ごめんなさいを言えて、えらかったね」と言いながらユウゲツを抱きしめました。ユウゲツは安心したように、もっと大声で泣いたのでした。

隣で、やりとりを見届けた私もユウゲツと一緒にオイオイ泣きました。生まれた時から病気や障がいを抱えた我が子に立ち向かうユウゲツママの覚悟と、葛藤を乗り越えようともがくユウゲツの姿がいとおしくて、私は思わず胸がいっぱいになったのです。

アリスが「ええっ？　コーノが泣いてるの？」と目をまん丸にさせました。

「ユウゲツがいろんな思いがあっただろうに、勇気を振り絞って『ゴメンね』を言ってくれたたね。アリスはユウゲツを許してあげられる？」私がアリスに声をかけると
「うん、もうユウゲツのことを許せるよ。ユウゲツはえらいね」
ユウゲツの『ゴメンね』は、アリスの心にしっかりと届いたようでした。

✿関係ねえー！

高学年男子集団のその日の気分で、学童保育全体の空気が変わるのです。指導員が一人に声をかけようものなら、横槍を入れる子どもやふざけを焚きつける子どももいて、指導員の声が空回りすることもありました。それぞれに抱え持つ背景がありました。

子どもと向き合う中で「所詮他人は他人」「どーせ大人って」大人に対する諦めの言葉は、ぐさりと心に刺さります。この頃、家庭的に混乱の中にあるキトのことが気になっていましたから、どんな形であれ内面の感情や思いを投げ出してくれればいい、と私は受け止める覚悟をしていました。この後もキトは「オレの唯一のストレス解消はいじめ」と言い放ち、トラブルはありましたが、その度に正面から向き合い、思いを聴き取りました。

「コーノ、宿題が終わったら句の競争をしよう」と誘ってきたキトが、『友だち』のお題に「友だちの　笑顔は　心の支え」「友だちと　支えあって　生きていく」と句を詠みました。「人との深いつながり」を求めているキトの本音に触れた気がしました。

年下のジュンが慕ってくれたことも、支えと励みになっているようでした。キトは、仲間や指導員に感情や思いを言葉で伝えることや、つながりの中で、人との関わりの質を変えてきたように思います。

かたくり
原市場かたくりクラブ通信

〈流星号〉

関係ねえー！

月曜は、全学年同時の下校日です。帰ってきた子どもたちがおやつの準備を始めました。同じテーブルを囲んだ4年キト、テンマ、ソウゲツ、タクミ。おやつを並べたテーブルの上にどっかり座り込むソウゲツに伊藤ちゃんが「テーブルから降りて！」と注意しても知らんふり。

伊藤ちゃんが抱きかかえてテーブルから降ろそうとしてテーブルが斜めになると、彼らが一斉に「ふざけんなよ！　イト!!」「私？　ふざけてるのはソウゲツでしょ？」思わずイトも反撃。学校から帰ってきて早々に四人のテンションが高く、きりきり尖った空気が伝わってくるのです。玄関先で4年セイシローが一人だけおやつの準備をしようとせず、ランドセルを背負ったままポツンとふさぎこんでいたので

「セイシロー、学校でイヤなことがあったの？」私が尋ねても、押し黙って口を開きま

せんでした。

「今は自分から話せないんだね。話せるようになった時には、コーノに話にきてね」

そう言い残してセイシローから離れ、おやつを食べている4年男子たちのテーブルに行って私の方から尋ねました。

「セイシローが何かあったらしく元気がないんだけど、何があったか分かる人はいる？」

バスケットボールを椅子代わりにしている4年キトが、私を鋭く睨みつけて一言。

「関係ねえよ!!」

「キトは『関係ねえー』って言うけどコーノは関係なくないと思うよ。コーノはセイシローのことが心配で、同じ学年のみんなに聴いたんだよ。こっちは分からないから聴いたんだよ」

「こっちって誰ですか!!」「ええっ？　私だよ」「私って誰ですか!!」「コーノだよ？」

「へええ〜、コーノって世界中には、何人もいますからねえ〜」

冷静に思いを伝えようとすればするほどに、気持ちを逆なでするような、こんな追い詰められようです。隣で聞いていた4年タクミも薄ら笑いで「あ〜あ〜、キトは怒られてかわいそうに〜」と、さらにあおってきます。何をどう言えば人が傷つくのか、痛みどころも怒りどころも知っているように思えてくるのです。

どこにも向けようのない自分の苛立ちを、彼らが本気で投げつけてくるわけですから、私もここは除《よ》けたりせずに、受け手として真正面から向き合う必要があると思いました。

彼らから発せられる言葉は「どーせ、しょせん他人は他人でしょ?」「どーせ、大人って」人を信頼することをあきらめたような言葉は、私の心に重く突き刺さりました。

「そうかも知れないけれど、コーノはせめて、ここの学童の中だけは悲しんだり、つらい思いをしてる仲間を『関係ねえ』で切り捨てるような無関心でいてほしくないし、平気で人の気持ちを踏みにじる人であってほしくないよ」

私の正直な思いを彼らに真摯に伝えました。

話し合いの末、「わかったよ」ため息交じりの返事を残し、二人は、仲間の遊びに戻っていきました。

いつのまにか、セイシローを誘い、4年男子メンバーが校庭を目いっぱい走り回って遊んでいました。

その後、セイシローが「コーノ、さっきのことは学校のことだったから、もう大丈夫だからね!」

「そっか! よかったよ、仲間とつながり遊びきったから自分の中で消化できたんだね」

「うん、ありがと」

こんなふうに、子どもたちの抱え込んだ行き場のないエネルギーは指導員に向けられることもありますが、子どもたちがそれぞれ複雑に抱え持つ背景もあります。こんな形であっても感情を吐き出せる場が必要だろうと思うのです。

次の日、キトが大好きだった家の車を手放すことになり、うつむいていました。「キト、思い出いっぱいの車だったから寂しいね、辛いね」私から声をかけると、うなずいて目を擦るキトでした。

その時その時の感情そのままを投げ出してくる、ヤンチャ盛りの彼らに振り回されながら、愛おしさもまた深まるのです。

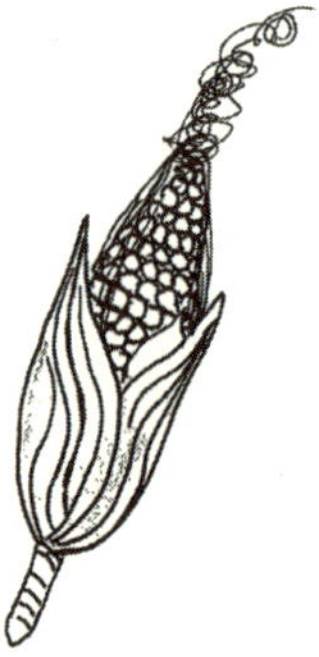

✤ちょっと待って！

新しい1年生の仲間を迎えて一カ月が経ったころです。校庭で遊んでいた2年ショウヤが、室内に入ってくると同時に、あたりかまわず玩具を投げつけました。ショウヤから「どーせ『ちょっと待って』って言うじゃねえか」の言葉をつきつけられた時に、ハッと我が身を振り返りました。この頃、児童が五十名いて、複数の子どもたちに同時に要求されることが多い中で「ちょっと待って」の言葉はよく使う言葉です。

ショウヤの担任の先生もこの「通信」を読んだ後に、「そういえば、私が『ちょっと待って』と言った時に『どーせユウダイ（弟）ばっかり！』と泣き叫んで暴れたことがあったんです」と言っていました。環境変化の緊張を抱えやすいショウヤは、この頃「ちょっと待って」の言葉に見捨てられ感を持ち、不安を抱いていることに気づきました。

家では、忙しい母さんを支え、障がいのある弟の面倒をみるショウヤの「オレだって受け止めてもらいたい！」という心の叫びだと気づきました。

この後も、他の子どもに水一杯注ぐ時間も待てないショウヤに「順番だから待っててね。でも、コーノはショウヤのところに必ず戻るからね」と、ていねいに声をかけるように心がけると、ショウヤは「ちょっと待って」の言葉に過剰に反応はしなくなりました。

かたくり

原市場かたくりクラブ通信

〈やぐるま草号〉

ちょっと待って！

私が室内にいると、2年ショウヤがいかにも不機嫌、という空気を漂わせ、入ってきました。ものも言わず、いきなりブロックや玩具をあたりかまわず投げ散らし始めました。

「ショウヤ、物を投げたら周りにいる人たちに当たるから危ないよ！」と声をかけると、

「うるせー！」聞き入れるどころか、ゴミ箱をひっくり返すなど、ますますエスカレート。周りの子どもたちへ危害が及ばないように、ショウヤを抱えて指導員室に入りました。

「ショウヤ、嫌なことがあったんでしょ？　物を投げたり、怒鳴ったりしてもショウヤの怒りしか伝わらないよ。どんなことが嫌だったのか、コーノに話してくれる？」

「うるせー、おばさんには話したくねえー！　前にも『ちょっと待って！』って言ったじゃねえかー！　どーせ、聞かないくせにー！」ショウヤが叫んだのです。

ハッと我が身を振り返ってみると、ショウヤに「ちょっと待って！」と言った場面は思

い出せないのですが、大勢の子どもたちと過ごす中では、あっちに呼ばれこっちに呼ばれしているうちに「ちょっと待って！」と声をかけていることはよくあります。

「ショウヤ、ゴメンね。忙しさに紛れて『ちょっと待って』と言ったコーノの言葉にショウヤは嫌な思いをしたんだね、ホントゴメンね。今コーノは、ショウヤの話をちゃんと聞くから、ショウヤが校庭でどんな嫌なことがあったのかをコーノに話してくれる？一緒に考えてショウヤの力になりたいと思っているよ」

ショウヤは、体の力を抜いてコックリとうなずき、やっと話し始めました。

校庭でリレーが始まって、リレーを楽しみにしていたのにユウゲツが勝手に抜けたから人数がハンパになって、リレーに入れなくて嫌だった、とのことでした。ユウゲツを呼んで聞いてみると「麦茶を飲んでくる」と言ったけど、ショウヤには聞こえてなかったこと、麦茶を飲んでいたら他の子に遊びに誘われて、リレーのことを忘れちゃったことを話してくれました。ユウゲツの「ゴメンね」の言葉に、ショウヤは今までの怒りが流れてしまったように、「いいよ」と答えたのでした。

伊藤ちゃんも、数日前の土曜保育の散歩の時に、ショウヤに「こっちに来て！」と言われたものの、ユウダイを安全な場所に移動させるために「ちょっと待って！」と言った時にショウヤが怒り「お前はそれでも指導員か!!」と怒鳴ったことがあったそうです。

つい、大人が何気なくかける「ちょっと待って！」の言葉にショウヤは、自分の存在が見捨てられているように感じ取り、傷ついていたことに気がついたのです。

お母さんに話すと家でのショウヤは、そういう姿を見せたこともないということでした。朝五時半に家を出て、遅くまでダンプを運転しつづけ、働き尽くめのお母さんです。お迎え時間ギリギリで迎えに来た時は、お母さんは疲れ果てて座り込んだまま、しばらくは動けない状態の時もあります。

お母さんが「ショウヤは、私にはそのことさえぶつけられなかったのかもしれないね」気丈に懸命に働くお母さんの頑張りや大変さを、ショウヤなりに気遣っての生活です。

指導員として、その時その時の子どもの思いや言葉を、しっかりと受け止めているだろうか？　自分に問い直した出来事でした。

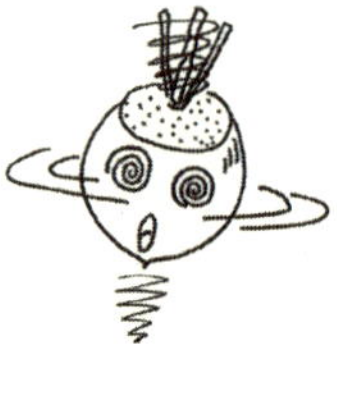

✿おまえ、だれっ？

3年ショウヤは、気持ちの整理もつかないままに、四月に隣の小規模の小学校から転校してきました。特別支援クラスに入ることになった弟の事情は理解しながらも、これまで積み上げたクラスの友だちとの関係が遠のいてしまうことに抵抗を感じ、環境の変化にとまどっていました。

入学や進級で気持ちを張り詰めた子どもたちにも、疲れが出てくる連休明けのことです。私が、学校から帰ってくる子どもたちを学童の窓から見ていると、校庭で、ショウヤが学童外の男子を追いかけまわしています。追いかけられている男子は、泣き叫びながら逃げ惑っていました。校門から飛び出してきたショウヤを抱き止めて「ショウヤ、何かあったの？」と尋ねました。

すると、

「学校の階段で『おまえ、だれっ？』と隣のクラスの男子が言ってきたんだよ～」

それだけのことなのですが、短い言葉ながら彼の自分に対する否定的な感情を、ショウヤは感じ取ったのだろうと思うのです。また、その言葉で、今まで押さえ込んでいた寂しさや不安が一気に込み上げて怒りとなって噴き出したようです。

「コーノが明日アイツをぶん殴らなかったら、オレは自殺するからな〜」

この言葉には「コーノ、何とかしてくれ」のSOSが託されているように思えました。

学校の担任の先生に、この日の経過と今のショウヤが不安や寂しさを抱えながら学校生活を過ごしていることを伝え、学校でもショウヤの対応をお願いしました。その後、担任の先生が学童に来て、ショウヤと話し合ってくれたことでショウヤは落ち着きました。

それからも「学校と学童の情報交換会」(学期に一回)で、ショウヤが授業中に落ち着かないことや、クラス内での人間関係もトラブルが絶えない状況があることを聞きました。

それでもショウヤが担任の先生に「学童に行ったらみんなと遊べて楽しい」と話したことを聞きました。ショウヤに「ショウヤは先生にそんなことを言ったの?」と尋ねると「うん、少しだけ言ったかもしれない…」と、はにかみながら答えてくれました。

まだ不安を抱えているショウヤですが、私たち指導員は、担任の先生とお母さんと、日常的にショウヤの様子を伝え合いながら手をつなぎ、支えていこうと思っています。

かたくり

原市場かたくりクラブ通信

〈カーネーション号〉

おまえ、だれっ？

下校時刻、学校から帰ってくる子どもたちを待ちつつ、私が学童の窓から校庭の方を見ていると、下校中の子どもたちの中で、３年ショウヤが学童外の男子を追いかけていました。遠めに見ても遊びではないことがわかりました。学校の先生が近くにいたこともあり、しばらく経過を見守っていましたが、静まるどころか、ますますショウヤは興奮し、「おまえが言ったからだろう！」と怒鳴りつけながら、必死で逃げ惑う男子を追いかけて校庭を飛び出してきました。急いで駆けつけ、相手に掴みかからんばかりのショウヤと男子を引き離し、

「学校で何があったの？」と私が聞くと、ショウヤは興奮状態で私を振り払いながら

「コイツが、学校の階段でオレに『おまえ、だれっ？』って言ってきたんだよ〜!!」

「その子はショウヤの名前を知らなかったから、名前を聞いたんじゃないの？」

「ちげえよ、オレは体育館でちゃんとみんなに名前を言ったから知ってるはずなんだ！」

「体育館での挨拶では覚えてなかったから、名前を改めて聞いたんじゃないの？」

「アイツは『オレは、記憶力がないから』って言ってたんだー！」

短い言葉ながらも、自分に対して好意的ではないことを過敏に感じ取ったようなのです。

「A小は、みんなオレの名前を覚えてたんだ！　コーノが明日アイツを殴らなかったら、オレは自殺するからな～！」とショウヤは叫びました。執拗に男子を追いかけるショウヤを道路向こうまで追いかけ、ようやく抱きかかえて学童に連れ戻しました。

ショウヤが、A小学校から転校してひと月半が経ちました。原市場小への転校には抵抗があり、ギリギリまで拒否し、それでも諸事情を受け止め、不安を抱えての転校でした。

そんなショウヤに「どう？　原市場小に慣れた？」声をかけて見守ってきました。その度にショウヤは「イヤ、オレは一生、原市場小には慣れないと思う」とボヤいていました。

この出来事があった前日にA小の子どもたちが「送別会」をしてくれたようです。そのことでさらにA小への思いも募ったようです。気持ちの整理がつかないまま、原市場小へ転校して、抱えてきたショウヤの緊張や不安が、隣のクラスの男子からの「おまえ、だれっ!?」の一言に、寂しさと不安が怒りとなって溢れ出してしまったようでした。

ショウヤは、学童に戻っても部屋に入ろうとはせず「おやつはいらない」と学童の庭で心ここにあらずといったふうにトボトボと歩き、草をむしっていました。

　私から学校に連絡し、トラブルやショウヤの抱えている思いを学校に伝え、ショウヤと隣のクラスの男子の思いを汲みとって、学校でも対応していただくようにお願いしました。

ショウヤに、学校でも対応してくれることになったことを話すと、

「今日のおやつは何?」やっと気持ちを切り替え、遊びの輪に入って行きました。

次の日に「ショウヤ、今日は学校では大丈夫だったの?」と、たずねると

「昨日の夕方、学童に担任の先生が来てくれて話せたから、もう大丈夫だったよ」

子どもたちの一人ひとりの心の在りようを知り、その時その時を子どもが安心して生活できているのか?　学校や家庭と連携しながら考えていく必要があると思います。

　表す言動はさまざまではあるけれど、子どもたちの思いの根っこには「自分の存在を大事にしてほしい」その願いが渦巻いているように思うのです。

クラブ通信Q＆A❶

Q 保育観の合わない指導員がいます。トラブルの捉え方が違い、「クラブ通信」に載せたい内容が合わなくて困っています。

A 指導員もそれぞれに違いがあって当然です。毎日、子どもとの関わりを通して感じたことや対応したことを、話し込む必要があると思います。

自分とは違う視点や、気づきもあります。違うことを前提として、実践を高めあっていける指導員集団のあり方が問われます。日常的な打ち合わせや子どものことを話し込むことの積み重ねが大切です。

Q 今は「通信」にお知らせしか書いていません。どのようにして、子どもたちの姿を伝える「通信」に変えたらよいでしょうか？

A 何か取り組みをした時や行事の中で、子どもの意外な一面が見えたことを報告として書くことから始めるとよいかと思います。

毎日の記録をとることで、子どもを眺めるだけでなく、子どもの変化や気になることを書き留めておくと、子どもの言動の意味することに気づくことにもつながります。

第Ⅳ章

つながりながら育ちあう子どもたち

玄関前のスペースで、ドミノブロックを倒してご機嫌

存在が受け入れられてこそ

1年ユウダイは先天性四肢欠損症で、両足義足で生活しています。四月に入所してから、学校と同じように学童保育でも義足をつけたままで過ごしていましたが、義足は重いので、動き回るのにかなり負担になっているようでした。

夏になって暑くなると、義足が汗で外れやすくなったり、汗疹《あせも》でかゆくなったりと、不快を訴えるようになりました。とうとうユウダイの方から「ねえ、コーノ、学童では義足を外してもいい?」と言ってきました。「ユウダイは、その方が楽なの?」と尋ねるとうなずきました。「コーノも、ユウダイが楽な方がいいと思うよ」と義足を脱ぐことになりました。

子どもたちから、室内をお尻ですべって移動するユウダイの「自分との違い」に対して、戸惑いやからかいが投げかけられることは想定していました。

高学年男子たちが反応しました。しかし、後ろにいた6年ミナが、背後からユウダイをすっと抱き上げて、一緒におやつの準備をしました。勇気あるミナの行動が、学童全体の空気を変えてくれました。

それからは、ユウダイは学校から帰ってくると、学章では家と同じように義足を脱いで生活をするようになります。はじめの頃は、指導員室で義足を脱いでいたのですが、この頃は室内のあちこちで義足を脱いでは、片方があっち、もう片方はそっち、と散らばっていることもあります。

「ユウダイ、ちゃんとまとめておいて」「ハーイ！」そんなやりとりが日常で、義足が転がっていることもめずらしくないのです。義足をつけたユウダイが共に生活していることは、他の子どもたちにとってもごく自然であたりまえの生活になっています。

かたくり

原市場かたくりクラブ通信

〈あきあかね号〉

ユウダイの決心

四月に入所してから両足の義足をつけて生活していた1年ユウダイが、夏休みの最中、自ら義足をはずしたいと言い出しました。

夏休みは学童で長い時間を過ごすわけです。猛暑で、義足の内側のゴムで蒸れて足の付け根がかゆくなったり、汗で義足が外れやすくなったりするのです。大人が持っても、かなり重いので、ユウダイにも負担だろうことは分かります。ユウダイにとって、なるべく負担のないように過ごせることがいいと思っていますが、義足を外したユウダイに対する、周りの子どもたちの反応が気がかりでした。

「ユウダイ、嫌なことを言われるかもしれないけど、大丈夫？」私の心配をよそに

「うん、ぼくはだいじょうぶだよ！」

ユウダイは、大きな目をキラキラさせて、笑顔で答えました。

「もし言われたら、ユウダイ一人でガマンしなくていいから、ちゃんと先生に話してね」

「うん、わかった〜！」このユウダイの底抜けの明るさに、私の方が救われるのです。

おやつの時に「せんせー！　ぼくが並んでるのにお兄ちゃんたちが割り込んできた！」

ユウダイの声を聞いて、割り込んだ上級生男子に注意を促すと

「はあっ？　だって小さくて見えないんだもん。くやしいなら立ってみろよ！」

義足をぬいだユウダイは、高学年男子の半分の高さなので、目線にかからないのです。

「立てないことをわかった上でそう言う？」私は、怒りを通り越して言葉を失いました。

すかさず、後ろに並んでいた6年ミナがユウダイを後ろからスッと抱き上げて、

「ユウダイはどれがいいの？」

おやつごとミナが一緒に運んくれたのでユウダイは、一部のからかいなどお構いなしに

ミナとニコニコしながらおやつをパクパク食べました。

こんなこともあったりでハラハラもしたのですが、スルスルと床の上を素早く動き回り、

机に逆立ちしながら昇り降りする、すばしっこいユウダイに上級生男子たちも

「コイツ、すげえ〜!!」「ホントだ、すげえ!!」

いつの間にか、ユウダイは上級生男子の遊びの輪に入っていました。

5年ラムがユウダイを抱っこして「けっこう重い!!」と叫ぶと、隣に居た4年フウキが

「オレにも抱かせて…ホントだ！　ユウダイは、思ったより重い!!」と、驚きました。

ユウダイが苦手な宿題で困っていると、さりげなくラムが隣に座って、ていねいに教えてくれていました。ユウダイが疲れていると察して、ミナがユウダイをオンブすると、ユウダイは気持ちよさそうにミナの背中にぺったりと顔をくっつけて、目をとじます。

ついかまいたくなる甘え上手なユウダイだけど、自分でできることは自分でやる頑張り屋です。運動会でも重い義足をものともせず、みんなと六〇メートル競走を走りぬきました。今は、ユウダイは家と同じように、学校から帰ってくると何の躊躇《ちゅうちょ》もなく、その場に応じて、義足を外したり、つけたりして過ごすようになりました。

「ユウダイ！　逆立ちしてみて！　ユウダイって、すげえよな」そんな声が飛び交うようになりました。ユウダイは、転んでもしなやかに立ち上がり、持ち味の明るさとど根性を発揮し、周りとつながりながら自分の世界をたくましく切り開いています。

✿周りの優しさ

私が室内にいると、外から臨時指導員のトモちゃんが、慌てた様子で駆け込んできて、「2年ユウダイが暴れているので来てくださーい!!」と呼びにきました。

私が駆けつけると、大声で泣き叫び、近づく人を殴り、噛みつき、ひっかき、義足で蹴りつけの大暴れです。小さなユウダイを大人二人で抱えて指導員室に運びました。指導員室でもしばらくは泣き叫び、当たりかまわず物を投げちらしての大暴れです。

ユウダイの怒りの原因は、ユウダイと2年ショウヤと1年ハヤトの三人で虫取りをしている時のこと。ショウヤが「スコップを木に投げて、虫を落とそう！」と言い出して三人で高い木をめがけてスコップを投げ上げたら、落ちてきたスコップが逃げ遅れたユウダイに当たってしまったそうです。それで、痛さが怒りとなって爆発したのでした。

「興奮しすぎると苦しくなるから、少し横になったほうがいいよ」と長座布団を用意して横にさせると、自分のことを話し始めました。

「ぼくは、ホントは前までこんなに苦しくなることはなかったんだけど、保育園の時にいじめられてから、苦しくなるようになったんだ」

「そうか、ユウダイもこれまでに辛い思いもしてきたんだね。でもよく頑張ってきたよね。ユウダイは頑張り屋だからえらいね」

これまでのことを二人で話しているうちに、ユウダイは落ち着きを取り戻しました。

この間も、何度か噛みつかれたラムや、パンチを受けたショウヤが、指導員室の中の様子をうかがっていることに気づいていました。

「ユウダイ、みんなユウダイのことを大丈夫かな、って心配してくれているね」

「うん、ぼくも本当はあやまりたいって思っていたんだ…」とユウダイが言いました。

その後は、あの大騒ぎがウソのように、ユウダイは、ショウヤとラムと一緒にキャーキャーはしゃいでいるのでした。

ユウダイは、この後もくり返し大騒ぎしましたが、そのたびに、自分が周りに守られていることの安心を確かめているように思いました。

〈たまむし号〉

周りの優しさ

「コーノせん、校庭でユウダイが暴れているので、ちょっと来てください!!」

臨時指導員のトモちゃんが、私を呼びに来たので慌てて校庭に行くと
「バカー！　死ねー！　うるせえー！　ぶっころしてやるー!!」

泣き叫びあたりかまわず、飛び掛っていく2年ユウダイの攻撃を止めようとした2年ショウヤは顔にパンチを受け、6年ラムも腕を噛みつかれ、それを抱き止めた臨時指導員のジュンちゃんは義足で頭を蹴られ、腕を引っかかれていました。興奮して、だれかれかまわず容赦ない攻撃を向けるユウダイを、私とジュンちゃんの二人がかりで抱えて、指導員室に運びました。

指導員室でもユウダイは、そこら中を義足で蹴飛ばし、物を投げまくりの大暴れです。

ユウダイがここまで怒った理由は、2年ショウヤ、ユウダイ、1年ハヤトの三人が校庭

で虫取りをしていて、木の枝に隠れている虫をスコップを投げて落とす作戦をショウヤが思いつき、三人はスコップを木に向かって投げたようです。すると、落ちてきたのは、虫ではなく投げたスコップで、逃げ遅れたユウダイの頭にぶつかったようです。

この作戦を思いついたショウヤと、スコップの持ち主のハヤトに怒りが向けられ、タンコブになるほどの痛さも加わり、怒りのスイッチにもなったようでした。ユウダイは、しばらくは興奮したまま叫び続けていました。

「一番最初にショウヤが投げたんだー！　ハヤトも謝ってないし、死ねー！」

「ユウダイも投げたんでしょう？　こんなに暴れてたら、ハヤトも謝る隙もなかったと思うよ」「うるせー！」興奮している時は、こちらの言葉は全く通らないのです。

怒りすぎて過呼吸になったユウダイを座布団に横にさせ

「苦しくなるから落ち着いた方がいいよ」と話しかけると、次第に興奮は治まってきたようです。ユウダイは、保育園の時に友だちに意地悪をされたことなどを、一気に話し続けました。「それは辛かったね」と、聴き届けると、ようやく落ち着きを取り戻しました。

6年ラムは、噛みつかれた時は「ユウダイ、うっぜー」と怒っていたものの、暴れているユウダイのことが気がかりで、何度も様子を見に来ていました。

「ユウダイ、ラムは噛みつかれたのに、ユウダイのことを心配して、指導員室に見に来てくれてるよ。ラムは、かわいがっていたユウダイから噛み付かれて、傷ついたと思うよ。でも、ラムはユウダイのことを心配してくれるね。ラムは優しいね」

「うん、ラムには謝ろうと思ってた…」

しばらくしてラムが指導員室に来ると
「ラム、さっきは噛みついてごめんね」ユウダイが申し訳なさそうに言いました。

「いや…オレ、噛みつかれるのは慣れてるから！」こんな返し方がシャイなラムらしいのです。

ハヤトがユウダイに謝ると、

「いいよ、ハヤトくんは一生懸命謝ってくれたから許してあげる…。ショウヤは、ふざけながらの『ごめんね』だったからイヤだな」と、ユウダイがつぶやいたので
「でも、ショウヤは怒ってるユウダイを元気づけようと思って、わざとあんな言い方したと思うよ。ショウヤも痛かったと思うのに、ユウダイのことを心配してくれてるよ」

「わかった。ショウヤのことも許してあげる。ぼくもショウヤにパンチしたことを謝る」

指導員室を出ていったユウダイは、ラムに抱っこされてショウヤと遊び、笑顔ではしゃいでいました。感情を投げ出して、周りに守られていることを確かめているようです。

つながりながら

子ども集団の中では、勢いがついて行き過ぎた行為になることがあります。壁にボールを投げて遊んでいたセイシローのボールが、たまたま近くにいたテンマの顔に当たりました。テンマは「いてえ」と顔を抑えると、セイシローを追いかけて突き飛ばし、蹴りつけました。近くにいた指導員の報告を受けて駆けつけると、セイシローが額を押さえて泣いているのに、近くの子どもたちは、何もなかったように遊びを続けていました。

私は、人に対する無関心、無神経さをこのままにしてはいけないと、彼らと向き合いました。テンマに行為の行き過ぎを問うとテンマはすぐに認めました。周りの子どもたちに「テンマの行動を行き過ぎだとは思わなかったの？」とたずねると「思ったけど、止められなかった。他の人は止められるけどテンマは止められない」と、キトと年上のショウが言いました。共に行動する彼らの中のビミョーな力関係もありました。

テンマは「えっ？」と声を洩らし「オレがやりすぎた時には止めてほしい」と言いました。行動とは裏腹に、仲間として平等な関係を求めているテンマの思いが分かりました。

やられても攻撃せずに我慢しているセイシローに、私は「無理して一緒にいなくてもいいよ」と言うと、セイシローが「ぼくは、仲間でいたい」ときっぱりと言います。健気なセイシローの願いが伝わってきて、思わず胸がいっぱいになったのでした。

かたくり

原市場かたくりクラブ通信

〈さくら号〉

つながりたい願い

～4月のころ～

校庭で一緒に遊んでいた6年ショウ、5年テンマ、キト、4年イサナ…その近くでボールの壁打ちをして遊んでいた5年セイシローのボールが跳ね返り、たまたま近くにいたテンマの顔にぶつかると、すぐさまテンマがセイシローを追いかけて蹴りつけたとのこと…。怒りを表わすでもなく、顔をゆがませ、擦りむいた額を押さえているセイシローの近くで、テンマ、ショウ、キト、イサナは何事もなかったように遊びを続けていました。人を痛めつけたままでいるテンマや、状況を分かっていながら行動に移さない仲間たちに、心まで踏みにじられ、立ち向かう力も失せているセイシローの心の痛みを、私から彼らに伝える必要があると思いました。

セイシローの手当てをした後で、テンマ、ショウ、キト、イサナと話しました。事実を確認した上で

「ボールが偶然に当たったのだから、セイシローに悪気がないことはわかってた？」

「うん」

「痛かったことは分かるけど、そのことを言葉で伝えることなく、相手に謝る隙も与えずに、いきなり蹴りつける行為はやりすぎじゃないかとコーノは思うんだけど？」

テンマはうつむき
「やりすぎだったと思う。セイシロー、ゴメン」テンマはセイシローに詫びました。

「周りにいたショウ、キト、イサナは行為をやり過ぎだとは思わなかったの？」

「思った…」

「そう思ったのに、どうしてショウもキトもテンマの行動を止めに入らなかったの？」

ショウ、キトは他の人には、行動の行き過ぎにストップをかけるものの「テンマには言えない」と言いました。テンマにとっても意外な言葉だったようで驚いて「えっ？」と洩らした後、

「オレがやり過ぎた時は、周りの友だちに止めてもらいたい…」とテンマは言いました。

相手を罵倒したり、脅したり、力で周りの人を押さえ込むことが「強さ」ではないこと、自分の思いを伏せて相手の言いなりになったりすることが「仲間としての信頼」ではないことを彼らに話しました。

さらに今回のように、攻撃する力を持たない者が我慢を強いられるような学童であってほしくないことを伝えました。それでも、セイシローの踏みにじられた心の痛みを思うとたまらずに

「セイシローは、無理してこのメンバーと一緒に行動しなくてもいいんだよ。セイシローを痛めつけて、辛い時にも手を貸してくれない人とこれからも仲間でいていいの？」

私が問うと、セイシローは傷ついた直後にも拘わらず、何の迷いもなくきっぱりと

「うん、みんなと仲間でいたい」

そう言って、大きくうなずきました。このような状況でも「仲間とつながりたい」セイシローの強い願いに気づかされ、胸がいっぱいになりました。

テンマの目も潤みました。テンマにも、セイシローの気持ちは真っ直ぐに届いたように思えました。

「テンマ、仲間として慕ってくれるセイシローの気持ちに応えなくちゃだね」と、声をかけると、テンマもウルウルしながら大きく深くうなずきました。

「コーノにとって学童の子どもたちは、みんな大事な存在だから、学童の中で、誰であっても大事にされなかったら辛いよ。みんながお互いを大事にしてほしいと思ってるよ」と、伝えると、ショウ、キト、テンマ、イサナ、セイシローはそれぞれにうなずきま

した。

時に傷つけたり、傷ついたりすることもあるけれど、こうして話し合う中で、子どもの根っこにある「人とつながりたい」強い願いに気づかされるのです。その願いを指導員として支えていこうと思うのです。

✿仲間がついているよ

テンマとセイシローとハルちゃんは同じクラスです。テンマが、昨日の学校でのトラブルが原因でセイシローが学校を休んだことを伝えてくれました。テンマは、普段は我慢強いセイシローのただならぬ状況を感じていたので、私に伝えたのだと思います。

ハルちゃんは、学童では限られた女子との関わりのみで、男子に関心を向けていないように思えていましたが、学校でのセイシローのことを話してくれました。ハルちゃんが、セイシローのことを仲間として気にかけてくれていたことも、うれしかったのです。

シュンスケは、さりげなくセイシローのそばにいて気遣ってくれました。それぞれが、セイシローに「オレたちは仲間だよ」とメッセージを送っているかのようでした。

セイシローの心の傷や母さんの心配を思うと、胸がつまりました。セイシロー母さんや担任の先生と話し合い、祈るような気持ちでこの時を見守りました。セイシロー母さんと「セイシローは、なんて強いヤツなんだろうね」とくり返し言いながら泣きました。

かたくり

原市場かたくりクラブ通信

〈じゃがいもの花号〉

仲間がついてるよ

同じクラスの5年テンマとセイシローは、学校から一緒に帰ってきますが、この日、テンマは一人でした。昨日のお迎え時にセイシローのお母さんから「明日、セイシローは学童に行きます」と声をかけられたので、セイシローが来ないことが気になったのです。

「テンマ、セイシローはどうしたの？」「セイシローは、学校を休んだよ…」

「えっ？　学校を休んだって？　風邪でも引いたの？」と聞くと、普段なら「知らねえよ」と返ってきそうな私の問いに、神妙な顔で

「いや…昨日の休育の時間にリレーをしていて、セイシローが同じクラスの子に吹っ飛ばされたから、学校に来なかった…。学校の問題だよ」

そう、テンマの力から話してくれました。きっと、テンマの心に深刻なこととして残っていたから、自ら話してくれたのだと思いました。

「学校でそんなことがあったんだね。誰だってそんなことをされたら辛いよね。セイシローを、今はテンマが仲間として守ってほしい。同じクラスのテンマが守らなきゃだね」

私から伝えるとテンマは「わかってるよ」とうなずきながら答えました。

もう一人の同じクラスのハルちゃんも、お母さんのお迎えが来て車に向かったものの、戻ってきて私の前に立ち、話し始めました。

「昨日の体育の時間に、クラスの男子がわざとセイシローを負けさせようと倒したんだよ。昨日はずっとセイシローは泣いてたんだよ。だから今日、学校に来られなかったの」

普段、自分のことを進んで話す方ではないハルちゃんが、伝えずにいられないほどに、セイシローのことを気にかけて過ごしていたことが伝わってきました。

「ハルちゃん、コーノに伝えてくれてありがとう。ハルちゃんが、こうして周りの大人に伝えることがセイシローを守ることになるから、これからもハルちゃんの気になることがあったら伝えてね」

学校でセイシローが辛い思いを抱えていたことを知り、お母さんと連絡を取り合い、もし明日も学校に行けないようなら、セイシローは学童で過ごせばいいことを伝えました。

次の朝、お母さんからメールが届きました。

「本人（セイシロー）が『みんなに弱いと思われたくないから学校へ行くよ』と言うん

です。心の強い子です。放課後、学童に行きます。よろしくお願いします」とありました。

短いメールからもセイシローの抱えている不安や辛さ、そんな我が子を送り出す親の心情を思うと私も胸がつまりました。祈るような気持ちで学校からの帰りを待っていると、テンマと帰ってきたセイシローは、小さく手を上げて「よっ！」と、大丈夫だよ！　の合図を向けました。

おやつの後、セイシローの状況を分かっていた6年シュンスケが、さりげなく見守っていました。テンマもつかず離れず、セイシローを守っていてくれていることが分かりました。ハルちゃんは「コーノ、今日、セイシローが学校で笑っていたから大丈夫だよ」私に伝えにきてくれました。みんながセイシローをそっと見守っていました。

次の朝、セイシローが電話で「コーノ、心配してくれてありがとう。もう大丈夫だよ」と伝えてくれました。心が折れそうな時、仲間に支えられていることが力に変わります。

✿信頼しあえる仲間を求めて

高学年男子は、一緒に行動をするものの、離れたところでは「コーノ、アイツ、うぜえー」と陰口が飛び交っていました。ちょっと愚痴をこぼしてすむのならと、思いを聞き取って「そっかー。コーノからさりげなく話してみようか？」というと「いい、いい。アイツに言って、もっと面倒なことになるのは嫌だから」と蓋《ふた》をしてしまうのでした。

夏休みのお盆の頃になると、学童に来る子どもの人数が減るので、誰かが一人外されることがありました。このままでは楽しいはずはないと思い、「ちゃんと自分の思いを吐き出してみよう」と私から切り出しました。

お互いに気持ちを言った後、

「自分を外した人にセイシローは、仕返しをしようとは思わないの？」と私が聞くと、

「思わないよ！」ときっぱり言い切りました。ショウが

「オレ、セイシローの話を聞いて、仕返しはしちゃいけないって思った」と言いました。

それまで指導員の声掛けに「シャーラップ！」と壁をつくっていたショウは、この時、自分の思いを吐き出せたことで「シャーラップ」がなくなったのです。キトやテンマも、弱さも甘えも気持ちの表わし方に変化を見せました。

我が子がさまざまなことを乗り越えようとしている時、保護者も心を痛めながら、我が子を見守ります。保護者会の後、セイシローとテンマのお母さんは、互いに同じ親としての悩みや迷いもしんどさも、涙ながらに語り合いました。

親の心配をよそに、目の前にはおだやかにカードゲームで遊ぶセイシローとテンマの姿がありました。二人のかわす笑顔が、母親たちの不安や心配をぬぐってくれました。

かたくり

原市場かたくりクラブ通信

〈灼熱号〉

信頼しあえる仲間を求めて

高学年になると、内面の発達や成長と共に友だちとの関係性も変化を見せます。低学年のうちは、同じ興味や遊びを通して楽しみを共有し合う友だち関係ですが、高学年になるとただ単に「遊び友だち」ということだけでなく、相手が自分のことを受け入れてくれるかどうか、そして「互いに信頼を寄せあえる親友」を求めるようになってきます。

高学年男子たちは、群れて行動をすることが多いのですが、関係の中でギクシャクした空気が漂っていました。居心地悪そうに群れから離れ、仲間を気にしながらも着かず離れずで一人で過ごす子がいたり、気を遣い、ご機嫌を伺って言いなりになっている子がいたり、強要されて無理して動いていたり…。微妙な関係が気になっていました。

「コーノ、アイツはうぜえ〜! オレ、もうイヤだ」

それぞれが、募る不満を相手のいないところで私に言うことが多くなっていました。

「本人に直接、自分の思いを伝えてみればいいんじゃないの？」と声をかけると、「いや…面倒なことになるとイヤだから…。アイツには言わないで…」

面倒なことは避けて、その場しのぎの愚痴こぼしでやり過ごすのですが、それは解決に向かうわけではなく、次第に募る不満は相手の存在を避ける方向に向かうのでした。

夏休みの後半、高学年の中で誰かしら一人外されることが二、三日続きました。私から「みんなでちゃんと本音で話し合おう」と高学年男子を集めました。

「面倒なことを避けていても解決に向かわないし、このままでは誰にとっても楽しくないと思う」と私から切り出しました。

「オレは、外されてイヤだった」「オレも外されたし…」口々に自分の不満を言いました。

「オレは、自分が外されたことがあるから、仕返しをしようと思った。オレがイヤだったように相手も同じ気持ちを味わえばいいと思った…」と6年ショウが言いました。

自分がどれほど嫌だったかを分かってもらいたかった、とショウの正直な本音でした。

この前、初めて外されて気まずそうにしている5年テンマを、セイシローだけは気遣ってテンマに声をかけ、ゲームの順番を譲ったりしたことがあったので、私が「セイシローこそ、外されたりからかわれたりして嫌なこともあっただろうに、仕返ししようとは思わなかったの？」と尋ねるとセイシローは「えっ？　何で？」という表情で

「オレは人に仕返ししようとは思わないよ。だって仕返しすると、もっと友だちは遠ざかるし、みんなで遊べる時間が少なくなるじゃん。オレはみんなで遊べる方がいいから」

さらりと言ってのけたセイシローの言葉を受けて、6年ショウが噛みしめるように

「オレ、仕返しなんてしちゃいけないなって思ったよ」と言いました。

「誰でも強要されたり、脅されたり、自分の存在がいないかのように無視されるのは嫌だね。学童で出会って、一緒に生活してきた仲間だから、それぞれの違いを認め合っていければいいね。これからも、面倒でも本音で話し合って、相手の思いに気づいて、心から信頼し合える仲間になっていこうね」と伝えました。

傷ついたり、傷つけられたりしながらも、かけがえのない仲間を求め続けている高学年男子たちです。

タクミの変化

4年タクミは「気は優しくて力持ち」を地でいくタイプです。つい自分の思いを抑えて相手に合わせることが多いので、周りがタクミの気持ちに気づかずに甘えてしまい、時にタクミはしんどいこともあるんじゃないかと気になることがあります。

いつもは、高学年男子に誘われるままに行動を共にしているタクミが、メンバーから離れて、私の隣でボーっとしていたかと思うと、私に聞こえるような声で「ああ～、ナンカ…思いっきりケンカしたい」とつぶやいたのです。タクミの聞き捨てならない言葉に「ええっ？　何かあったの？」と思わず振り向くと「イヤ、今までケンカらしいことしてないから、思いっきり殴りあいのケンカしたい」タクミのこの一言に〝どういう意味があるのだろう？〟と気になっていました。

お迎え時にタクミのママに「思いっきりケンカしたい」とタクミがつぶやいたこと、部屋での出来事を伝えると、タクミのママはケラケラと笑い出しました。

「タクミは、1年の時はひとつ上のショウの後をついてまわっているだけだったけど『ケンカしたい』と言うほどに成長したんだね」と満足そうに言いました。

私の心に引っかかっていたタクミの「思いっきりケンカしたい」の言葉の意味が、ママの言葉で、タクミの「変わりたい願い」だと気づけたのです。さっそくタクミに「相手に自分の思いを伝える上での結果として、殴りあいになったら助っ人に入るから、タクミは思いっきり相手に向き合えばいいよ」と伝えました。

次の日、タクミが片づけようとしたマットをめぐって、年下のショウヤとぶつかりました。

「オレは、マットを片づける前に『これを使ってんの?』って聞いたよね。でもショウヤが『ブッブー』って言ったから片づけたんだよ」と立ち向かっていました。

「タクミは、ちゃんと言葉で伝えられるから、殴り合わなくても伝わると思うよ」

私が言うと、タクミも笑ってうなずきました。

子どもの中には「伸びたい」「成長したい」という願いがあり、育ちゆく力も持ち合わせています。そのことを指導員として支えていきたいと思うのです。

かたくり

原市場かたくりクラブ通信

〈師走号〉

思いっきりケンカしたい

私が3年マーちゃんの宿題の音読を聞いていると、隣でボーっとしていた4年タクミが「ああ〜ナンカ、思いっきりケンカしたい…」一言ボソッとつぶやきました。

「ええっ？　どうしたの？　タクミ、何かあったの？」思いがけない言葉に私が返すと、

「いや…そういうわけじゃないけど、オレ、今までせいぜい口ゲンカくらいしかしたことないから、ナンカ、思いっきり殴りあいのケンカもしたいなと思って…」

タクミと私のやり取りを近くで聞いていたらしい5年ショウが、横から入ってきて、

「タクミ！　オレがやってやろうか？　それで、オレが何をどんなにすればいいの？」

ふざけながら二人は隣の部屋へ向かい、仲間の遊びに加わっていきました。

タクミがつぶやいたこの一言は、私の心の中にくすぶり留まっていました。

タクミは「気は優しくて力持ち」を地でいくタイプです。体の大きいタクミの背中にだ

れかれ遠慮なく飛び乗り、嫌がることなくタクミは背中に乗せたまま校庭を歩き回っています。

戦いごっこの時も、周りは抵抗しないタクミに遠慮なしに向かっていくこともあります。痛そうなタクミの表情に気づいた私が声をかけると「大丈夫だよ！」さらりと平気を装い、周りの心配を自ら打ち消します。周りも「ほら、大丈夫って言ってんじゃん」気づけないのです。

この日、絵を書くことが大好きなタクミが、久しぶりに室内で一人のんびりと絵を書いていました。

「おっと、タクミ、のんびりお絵かきタイムでいいねぇ〜」

「そう、たまにはこんな静かな時間もうれしい」満面の笑顔を向けてきました。

その矢先、校庭から帰ってきたメンバーの一人がふざけて、タクミの書いた絵の上に鉛筆削りのカスをばら撒いていました。「こんなこと誰がやったの？」「オレは知らない」みんなが知らんふり。怒りで心乱れているはずのタクミは「だれでもない、別に」と、流そうとしたので、私がたまらず

「ちゃんと自分の気持ちを伝えていいよ。こんなことをされてタクミは嫌なんじゃないの？」

「うるせえ！」

タクミは、触れてくるなと言わんばかりに、私の言葉をさえぎりました。

タクミの我慢強さや優しさが、仲間の信頼を得ていることではあるけれど、相手に思いを伝えることなく、自分の気持ちを押さえ込んでしまうタクミのことも気になっていました。

そのことは、タクミ自身も「自分の思いを相手に伝えたい」葛藤の中でその思いを「思いっきり殴りあいのケンカしたい」の言葉で表現したのだろうと思いました。お母さんに伝えると

「タクミも成長したね」と、笑いました。そう、タクミの内面からの「変わりたい」願いなのです。帰りを見送る時、タクミに私の方から声をかけました。

「タクミ、この前『思いっきりケンカしたい』って言ったよね。コーノもいろいろと考えたんだけど、コーノもタクミはもっと自分の気持ちを相手にぶつけてもいいと思うんだよ。もし、それで結果として、殴り合いのケンカになって危なそうな時は、コーノがちゃんと止めてあげるよ。タクミは、その時のそのまんまの気持ちを、思いきって相手にぶつけてみたらいいよ。学童はみんな仲間だもの、自分を取り繕わなくていいよ」

「ホント？　いいの!?　わかった！　そうする…ありがと、じゃあね、バイバイ」

〝自分の思いのまんまでいいんだ〟後ろ盾の存在を確かめたタクミは、安心したような笑顔を見せて、手をふって帰っていきました。子どもの進化・成長したい願いを支えよう、そう思うのです。

✽人は変わるってこと

四カ月前に「思いっきりケンカしたい」とつぶやいたタクミとの語らいから、タクミが自分の思いを言葉で相手に伝えるようになったことを、感じていました。

高学年男子たちと共に行動するタクミではあるけれど、一人の時間も好きなタクミは、時には苦手な体を動かす遊びの誘いを断って、一人でマッタリと本を読んで過ごしました。

私は、タクミが一人でいる時に、高学年男子の関係で気になることを相談すると、「高学年男子は、いろいろしでかすけど、一人ひとりは優しいんだよ。ただ、オレたちは言葉にはならないけど、ストレスを抱えているから、時々イライラが込み上げて悪いことをしたくなる時があるんだよ。でもホントに一人ひとりは優しくて、いいヤツだよ」

タクミの言葉で、私は、高学年男子の理解しがたい言動の捉え直しができたこともありました。

前日、6年ショウが中心になって、低学年男子と高学年男子にわかれて「戦いごっこをやろう」と言い出しました。この遊びの中で、いつにない姿を見せた子どもたちでした。

私からタクミに、

「私は、タクミが変わってきたな～と思うんだけど、自分が変わったことを感じる？」

と、尋ねると
「ああ〜オレ、前からするとすっげえー変わったと思う。オレさ、自分の気持ちを言えなくて人にくっついてるだけだったから。でも、それはショウのおかげだよ」

タクミが入所した時に、一学年上のショウが「オレたち、メタボ兄弟だよな」と声をかけてから、二人は行動を共にしてきました。けれど、ショウの強引さや束縛に、タクミが悩んだこともありました。それを知っている私は、タクミが「ショウのおかげ」と迷いなく言ったことに、タクミの柔軟さと深さを感じました。

タクミは自分の変化、成長だけでなく、前日の戦いごっこでショウの体の変化や、周りへの優しさ、ふと見せた自分への弟目線の思いが、泣けるほど嬉しかったことを、熱く語り続けました。

ショウヤのことも、タクミは話し、共に行動することはほとんどないショウヤの存在を、普段の生活の中で意識していたことにも気づかされました。

「学童のみんなを見ていて、人ってこんなに変われるんだな〜ってことがよくわかった」

そう話すタクミの言葉に、学童保育の持つ可能性を改めて感じずにはいられませんでした。

この『かたくり通信』を読んだショウの父ちゃんは、ショウに対するタクミの思いがうれしくて、泣いたそうです。父ちゃんは、一人でショウを育てる中で、子育てに迷い自信を失いかけることもありました。

「タクミはショウのおかげで変われた」と言うけれど、入所した頃、周りとの関係をうまく持てなかったショウにとっても、タクミの存在は一番の拠り所でした。

学童保育を通して、人と出会い、人と関わりながら共に成長し合える…その喜びをタクミとしみじみ語り合ったのです。同学年キトがこの『かたくり通信』を読んだ後に「ずるーい、タクミとだけなのかよ～」と口を尖らせました。私が、「じゃあ、今度、キトともガッツリ語ろうか？」と言うと、大きくうなずきました。

子どもも、自分の思いを聴いてもらいたい、人を分かりたい、語り合いたいのです。

かたくり

原市場かたくりクラブ通信

〈おたまじゃくし号〉

人は変わるってこと

やわらかな春の日差しが差し込む窓際で、一人マッタリとマンガ本を読んでいる5年タクミに

「タクミは変わったな〜って思うんだけど、タクミは自分で変わったことを感じる?」

と語りかけました。突然の問いかけに一瞬タクミは「えっ?」と私を向き、

「ああ〜オレ、前からすると、すっげえー変わったと思う。自分の気持ちを言えなくて、人にくっついているだけだったから。でもそれは6年ショウのおかげだと思うよ」

「そう、昨日の戦いごっこでタクミがおなかを押さえて痛がった時に『タクミ、大丈夫か?』って、ショウまで泣きそうなくらいに心配してたよね。心からタクミを弟みたいに思っているよね」

「うん、オレはショウが何度も『大丈夫?』って声をかけてくれて、ショウのオレへの

弟目線を感じて、ショウの気持ちがうれしくて、泣きそうだったよ。ショウも変わったよね。昨日の戦いごっこで、ショウの体がデカくなったな、と思ったし、ショウが年下に優しく接していて変わったなあって思えたんだよね」

「昨日、戦いごっこでショウヤとぶつかった時にタクミが『オレは恨んでないから気にしないで！』ってショウヤに言ったでしょ？　ショウヤはあの言葉に救われたんだと思う。ショウヤは、昨日の帰りに車が見えなくなるまで見送っていたし、朝一番にタクミに『大丈夫？』って声をかけたくてタクミの近くをウロウロしてたんだよ」

「ショウヤも変わったよね。前のショウヤだったらぶつかった時に『お前がそんなところにいたからだろう！』って言ってたと思うけど『ごめんね』って言ってくれて」

「ショウヤは、高学年男子への警戒心が強くて、先に攻撃することしかなかったからね。でも、昨日の戦いごっこで、キトがトコトン相手をしてくれていたことや、タクミのあの言葉で、ショウヤの今までの警戒心が拭えたんじゃないかな～、ってコーノは思えたよ。昨日の戦いごっこは、一人ひとりの持ってる良さが引き出された感じがしたよね」

「ナンカね、オレ、自分もそうだったし、学童のみんなを見てて人は変わるんだな～ってことがよく分かったよ。オレが変われたのは、ショウのおかげだったと思うよ…」

「そうだね、ショウも一人っ子でタクミも男兄弟がいないけど、ショウとホントの兄弟みたいな関係をつくってこられたことがよかったね。でも、学童でショウと過ごすのはあと一年だから、大事に楽しい時間を過ごさなきゃね」

「そうだね、ショウとは一年だから、毎日の学童での生活を楽しまなくちゃね」

話しながら、改めてショウとの限られた時間を思って、私もタクミもウルウルしました。

「学童はガチャガチャ大勢だからめんどくさいこともあるけど、人のことを知ることができるよね」

「うん、学童にいたから、人ってこんなに変われるんだな〜ってすっごく思えたよ」

春のうららかな日差しを浴びながら、タクミと私はしみじみと語りあったのでした。

クラブ通信Q＆A❷

Q「通信」をどうしても書けない時は、どうすればいいでしょうか？

A 相棒指導員や指導員仲間とじっくり子どものことを話します。話すことで自分の中で書きたいことが整理されるからです。

私は、書けない時は、ひたすら本を読むこともあります。自分の思いを文章に写すことのヒントをもらえることがあります。

とにかく、後回しにしないで、自分なりに書き続けることが大切です。

Qトラブルを極度に嫌がる親がいます。トラブルを「通信」に書くことをためらってしまいます。

A 無理にトラブルを描かなければ！　と気負う必要はないと思います。日常的に保護者と伝え合っている時に、保護者自身に気持ちの余裕がなくて現実を受け入れがたい状況にある保護者もいます。そういう場合は、「通信」には載せませんし、トラブルの伝え方にも配慮します。

指導員も保護者も子どもも、トラブルを乗り越えて肯定的なこととして捉えることができた時に、書いています。

第Ⅴ章

働きながら子育てをする親を支える

雪が降って、かまくら作りに精を出す子どもたち

伝え合い

ショウヤとユウダイの母さんは、朝三時半に起きて、家を出るのは五時半です。ダンプを運転しています。お迎えに来るのは六時半ギリギリの駆け込みです。頭が下がるほど働き者の気丈な母さんなのです。

そんな母さんも、頑張り過ぎて、心身共に疲れ果てて、気持ちが溢れる時があります。お迎えにくるなり、母さんの表情が険しく「さっさと帰りのしたくをしろー！」と子どもを怒鳴りつける母さんの様子で、私はお母さんが心身共に追い詰められていることを察したことがありました。

このまま家に帰ってからの親子の関係も心配だったので、私から「一人で無理しなくていいんだよ。胸のうちを全部吐き出していいんだよ」と母さんの肩をそっと抱くと、母さんは、つっ立ったまま顔を覆い、子どものように泣き出したことがありました。家族のこと、学校のこと、仕事のこと、子育てのこと、様々にふりかかるすべての困難を抱えた胸の内を指導員に吐き出しました。

その後「あー、すっきりした」と、ユウダイとショウヤを両手で抱きしめて「あんたたちがいるから私は頑張れるよ」と三人の親子は疲れた心をリセットし、笑顔をとり戻して家へ帰っていきました。こんな頑張り屋の、子どもが大好きな愛情深い母さんなのです。こんな母さんと子どものことを伝え合うと我が子のヤンチャぶりを笑い転げながら「学童はいいところだよ。ケンカもさせてくれて、それを話し合って解決してくれるからいいよね。こんなふうに、子どもたちは自分で解決していく力が育っていくんだね」と、話してくれます。

伝え合いの中で、我が子への母さんの愛情に触れるたびに、私は指導員として、保護者の愛情と願いに応えていこうと覚悟するのです。そして、学童保育が、指導員と子ども、子どもと子ども、子どもと保護者、保護者同士など、人との関係を広げ、豊かに関わりを育む場でありたいと願うのです。

✿ちがう言葉に変えたよ　～子育ての不安を安心に～

普段から食欲旺盛で元気印の当時1年ショウが、夕方のお迎えの時間が近づくと「頭が痛い」と体の不調を訴えてくるようになりました。熱があるわけでもないのに、決まった時間にひんぱんに言うことが気になって

「ショウは、何か困っていることがあるんじゃないの？」と尋ねました。すると、

「夜になると、学校から家に電話がかかってくる…そしたら、オレは父ちゃんに怒られる。今日も学校から電話がかかってくるかもしれない…」ショウが力なく答えました。

学校のトラブルのことで担任の先生から電話がかかってくると、父ちゃんは親の責任からショウを怒鳴りつけ、ショウも父ちゃんも追い詰められていることが分かりました。

その日、ショウの父ちゃんのお迎えの時に「クラブ通信」を手渡ししながら話しました。

「ショウは、学童保育でこんなふうに変わろうとしているよ。今はまだ周りとうまく関係をつくれなくてトラブルは多いけれど、ショウが変わろうと頑張っていることを、一緒に励まして支えていこうよ。他の保護者たちの太鼓判つきの明るいショウを、父ちゃんは一人で育ててきたんだから自信を持っていいんだよ」と私が伝えると、ショウの父ちゃんは涙で目を潤ませながら、ショウの頭をくしゃくしゃと撫でて帰って行きました。

次の日に、いつもより迎えの遅かった父ちゃんが私の前に立って、「学校に行ってきました。オレは口下手でうまく担任の先生と話せないから、『かたくり通信』を渡してきました。『学童では、ショウも少しずつ変わろうとがんばっているから、よろしくお願いします。これを読んでください』って。ありがとう、コーノせん」ショウの父ちゃんは、涙ぐんで頭をちょこんと下げました。

「えらいね、ショウを守っている父ちゃんがえらいね。私も一緒にショウを育てていくよ」まだ二十代の若いショウの父ちゃんが、我が子を怒ったりなだめたりしながら守ろうとしている姿に、私は涙が止まりませんでした。

今はいろんなことをしでかしても、我が子が変わろうとしている姿や、指導員が関わりの見通しをもつ姿勢が保護者に伝わった時に、保護者の不安は安心に変わるのだと思います。

かたくり
原市場かたくりクラブ通信

〈冬号〉

ちがう言葉に変えたよ

校庭で1年ジュンペイや4年モッチーと遊んでいた1年ショウくんが、部屋に戻ってきました。ショウくんに目をやると、目の周りがうっすらと赤かったので、

「ショウくん、何か嫌なことがあったんじゃないの？　大丈夫？」と声をかけると、思い出したかのように顔をゆがませ、泣き出しそうに訴え始めました。

「あのね、ぼくね、さっきモッチーくんと砂の投げあいになってけんかしたの。だってね、モッチーくんがぼくだけに『ぬけろ！』っていうから『嫌だ』って言ったら、砂を投げてきてね、ぼくは、本当は『死ね！』って言いたかったんだけどね、ちがう言い方に変えたんだよ」（「死ね！」の言葉は存在そのものが否定されるから、言われたらつらいよね、と日頃、指導員から言われています。そのことをショウくんは覚えていてくれたんだと思います。）

「どういう言葉に変えたの？」

「『モッチーくんのしもやけなんて治らないようにー！』って言ってやったんだ。（モッチーは、足先のしもやけがかゆいと困っていることを、普段、ショウくんは心配しています。）でもね、ホントは『死ね！』って言いたい気持ちだったんだ…」

「そっか…ショウくんは、そんなに言いたいくらいに悔しかったんだね。でも言っちゃいけないって気がついて、ガマンできたことはえらかったね」

「だってね、そんなモッチーくんと遊ぶジュンペイくんのことだって悔しかったんだ…」

泣きじゃくりながら思いのたけをぶつけているショウくんのそばに来た1年アリスが「ショウくんは、お笑い芸人なんだから泣いちゃだめだよ。アリスと遊ぶ？」と、助っ人にやってきました。（ショウくんの『そんなのカンケェーねえー』は最高で、私とアリスは芸人ショウくんの大ファンなのです。）

「どうお？　またお笑いライブをやっちゃう？」と気持ちの切り替えを勧める私に「まだそんな気になれない」としょぼくれていたショウくんでしたが、おやつの頃には「アリスやタケちゃんと、貧乏ごっこしてるから、お笑いライブしてるヒマないよ…」と、少し元気が出て来たようでした。

ショウくんは、友だちを人一倍求めていますが、自分の思いどおりに行かないと、悪口で責めたり、相手に執拗に嫌がらせをしてトラブルは絶えませんでした。その仲裁に入ろうものなら、「コーノなんて絶交だー！」と何度も大声で絶交を言い渡されたりしました。それは、自分が責められる前に相手を攻撃する、警戒のあらわれでもありました。

自分の思いを聴いてもらえる安心と、周りとぶつかる経験を重ねながら、攻撃をコントロールしたり、自分の思いを言葉として伝えるようになったりなど、変化も見えてきました。また何より、ショウくんの気持ちの切り替えの早さはあっぱれです。6年ハジメの父ちゃんは、ショウくんを見ながらしみじみとよく言うのです。

「うちのハジメも明るいと思ってたけど、ショウくんの明るさは天下一品だよなー」

1年マウのママも「ショウはホントかわいいよねー」と、言葉を添えます。

保護者たちの太鼓判つきの明るさが取り柄のショウくんは、ホント憎めないヤツです。

✿たいせつな弟

ショウとタクミは行動を共にしているものの、関係はショウの指示中心でタクミが一緒にいることが気になっていました。他の子どもがタクミを誘おうものなら、誘った子をショウが攻撃したり、罵倒したりするので周りの子は近づけません。

タクミが、自分の気持ちをなかなか言えずに窮屈な思いをしているのではないか、と思った私が「タクミの気持ちも聞いてみたら？」とショウに声をかけようものなら「うるせー！　コーノなんか絶交だ！」周りを寄せ付けないショウでした。

そんなショウが人数の少ない土曜の午後、私と二人きりになった時に「コーノ、ここから離れないで」私がトイレに立つことさえ許さないほど、一人になることの不安を訴えたのでした。

ショウの縛りの中で、自分の気持ちを言えないタクミの気持ちを代弁して話すと、ショウは「わかってる」と言いました。言葉でわかってはいても、どうしようもない不安を抱えていることにも気づきました。

タクミにも「自分の思いを相手に伝えていいんだよ」と伝え続けていました。

タクミが思い切って「他の人と遊びたい」とショウに言いました。案の定、ショウは怒

いどおりにならないタクミを罵倒しました。近くにいたジュンペイが「そんなことを言ったら、タクミがかわいそうだよ」と言うと、さらにジュンペイにも「うっせー、おまえには関係ないだろう！」と泣き叫びました。

しばらく泣き叫んだ後に、気持ちの折り合いをつけたショウは、「タクミが遊ぶ人がいなくなったら、いつでもオレのところに来ていいから」と、初めてタクミを放します。

こうして、くっついたり、離れたりしても、自分のところに戻ってきてくれる、見捨てられない安心を、時間をかけながら重ねてきました。

かたくり

原市場かたくりクラブ通信

〈けらみっけ号〉

たいせつな弟

入卒所式で2年ショウくんが、1年タクミくんに「よろしくね」と声をかけながらプレゼントを渡しました。その日以来、ショウくんはタクミくんに「オレたちはメタボ兄弟だよな。一緒に遊ぼう！」と声をかけ、二人で笑顔を交わし合い、楽しそうに行動することが多くなりました。

ショウくんは、学校から帰ってくると一足先に帰っているタクミくんに「おい、タクミ来い！　遊ぶぞ！」いつも一緒に行動している二人だけれど、遊びに夢中になるとショウくんのペースになってしまいます。

「ちげえんだよー！　そうじゃねえよー！」と、声を荒げていることがあるので、タクミくんが自分の思いを言えないままに抑えているのでは…と気がかりでした。

土曜日の午後、他の1年男子たちと次々にトラブルを起こして、ショウくんが一人で室内に戻ってきました。室内にショウくんと私と二人だったので、ゆっくりショウくんの緊張をほぐそうと思いました。

「ショウくんの大好きな『猫の恩返し』のビデオをゴロンしながら見てみる?」

毛布をさし出すと、上機嫌でビデオの前にゴロンしました。そばをちょっと離れてトイレにでも行こうものなら、

「コーノー! ここにいてー! コーノ! 早くー!」

そう、大声で叫び続け、そばからひと時も離れられないのです。これまで誰かを排除して、誰かを無理にでもつなぎ止めようとしてトラブルを繰り返しているショウくんが、一人にはなりたくない不安と寂しさを抱えていることをこの時も感じ、離れずにずっとそばにいました。すると、今度は

「歌を聴きたいから、歌にしろ! 早くしろ! ちげえよ! まだ後ろだよ」

舌打ちするショウくんに

「人を怒鳴ったり、命令したりされると、コーノは嫌な気持ちになるんだけど。他の友だちもそうなんじゃないかと思うんだよ」

と、そっと語りかけると

「そんなのわかってる、全部わかってる」

と、ショウくんは視線を落として、静かにつぶやきました。

「そっか、ショウくんはえらいね。なかなか自分のことに気づけないことが多いからね。わかっていても、すぐに変われるものじゃないしね。ゆっくりでいいね」
二、三日後、タクミくんに「缶けりのやり方わかる？」と丁寧にルールを説明しているショウくんでしたが、つい怒鳴りそうになると「あっ！」「あっ！」と声を出し、自分の言動を制止しながら言葉を発していることが、そばにいる私にも伝わってきました。
不安を抱えながら、タクミくんとつながりたいショウくんの思いを、支えていく必要があると思っていました。タクミくんにも、時あるごとに
「タクミくんは、自分の気持ちを相手にちゃんと伝えていいんだよ。言えないことがあったら、コーノもお助けマンになるからね」と伝えました。
数日後、タクミくんは「ぼくは、今日はショウくんと遊びたくない。他の人と遊びたい」と切り出しました。ショウくんは、大声で「うっせー」と、しばらく泣き叫んでいましたが、気持ちに折り合いをつけた後、タクミくんに
「タクミ、遊ぶ人がいなくなったら、いつでもオレのとこ来てもいいから…」
と伝えました。タクミくんの存在を大切に思うショウくんの、精一杯の優しさでした。
「ショウくんは、弟がいないから、初めて弟ができたみたいでうれしいんだね。出会っ

た時から仲良しで、気があったんだもんね」

私が、そうショウくんに声をかけると、あったりまえとばかりに

「そうだよ、最初っからメタボ兄弟だったからね！　すぐに仲良しだったよなー」

と、胸を張ります。

自分の思いと相手を思う気持ちとの狭間の葛藤を越えて、子どもたちは成長しています。

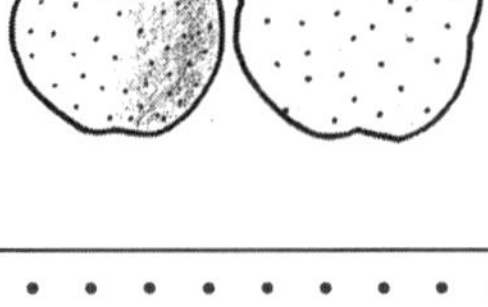

ラムの変化

1年男子が3年ラムのことを「あのお兄ちゃんがね」と話し、男子と信じて疑わないほど毎日男子と一緒に行動し、自分のことを「オレ」と話すラムです。この頃、自分の思いどおりにならないと、力ずくででも自分の思いどおりに押し通すことがありました。

この日も、ラムは、ミナが学童の庭で見つけたケラがほしくてミナに迫ったのですが、断られたラムは、ミナに執拗に攻撃を仕掛けます。ラムの勢いを止めに入るには、非常勤指導員のチヒロとシマくんの大人二人がかりになるほどの暴れようでした。

自分の暴力は棚に上げて「アイツ（シマ）は力で押さえ込むなんてひどい」という言い分でした。ラムの行動をたどりながらていねいに話していくと、ラムは、自分の身勝手さに気づきます。納得できた時に、ラムは落ち着きを取り戻しました。

子どもは、ぶつかりも失敗もあるけれど、向き合って一緒に考えていくことで自分のことに気づいていきます。

かたくり

原市場かたくりクラブ通信

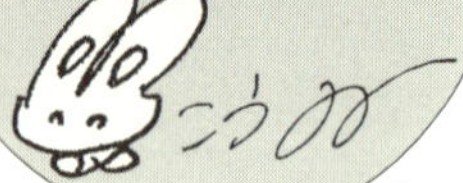

〈アジサイ号〉

ぶつかりの中で

靴箱前の板間では、夕方五時の入室時間になると子どもたちの虫の品評会が始まります。それぞれが、泥まみれの虫ケースやプラスチック容器を持ち出して

「ねえ、見て見て！」「すっげえー、でけえー！」「ちょっとだけ、触らせて！」「いいなあー、オレも欲しいー」

サワガニ、トカゲ、クワガタ、土カニ、オケラ、ヤゴ、ミミズ、だんご虫、はさみ虫…。

3年ラムが4年ミナに「ケラをちょうだい！」と行き、断られたラムが無理に奪おうとミナに飛び掛っていきました。すると、ミナが「やめて」と逃げ回り、ラムは逃げるミナに食い下がって飛び掛り、ミナは泣き叫び、ラムは攻撃を続ける騒ぎになっていました。

ミナに飛び掛っていくラムを指導員のシマくんが引き止め、ミナを指導員チヒロがかばうことでようやく二人を引き離しました。攻撃を引き止められたラムは怒りの行き所を失い、シマくんの方へと向けました。

ラムの興奮がおさまるまでしばらく待ってから、納得いかないことを聴き出しました。

「だって、アイツが力で抑えてきたから…話し合いで解決すればいいのに…。だってアイツは大人なんだから、力で押さえ込むなんて…アイツは死ねばいい…」

「ラムは、言葉で解決すればいいってことを知っているんだね。コーノもそう思うよ。でもよく思い出してごらん。ラムがミナに攻撃していた時に何度も何度もチヒロとシマくんが『ラム、暴力はやめな！』って言い続けたのに、攻撃し続けたのはラムだよ。言葉で解決できなくて力で止めるしかなかったんじゃないの？　言葉で解決できなかったのは、ラムの方だったんじゃないの？」

と静かにゆっくり話かけると、ラムは口をとがらせたまま
「だって、最初に他の子がやれ！　って言ってきたから…」

次の言葉も人のせいです。

「人が言ったとしても、その言葉を行動するかどうかを判断したのはラムじゃないの？」

「だって…だって…」

なかなか自分の気持ちの整理がつきそうにありませんでした。

「人のせいばかりでは、ラムがしんどいと思うよ。人は、失敗も過ちもあって当然なん

だよ。大人のコーノでもね、間違うことはたくさんあるんだよ。自分の過ちに気づくことが大事だと思うんだよ…」と話すと
「ふざけてミナのケラを取ろうしたことと、攻撃したことが悪かったと思う…」

「そっか、ラムは自分で考えることができたんだね、そのことをミナに伝えてあげればうれしいんじゃないの？」

「でも…コーノから言って…」

「そうか、気まずいんだったらコーノから伝えてもいいけど、ラムから伝えた方がミナはもっとうれしいと思うよ」「うん」

険しかったラムの顔が穏やかになっていました。

人との関わりの中で、自己に向き合い、自己矛盾に気づきながら自分育てをしています。

✿人の痛みに寄り添うこと

日頃、私のことも「メタボコーノ」と呼び、「うっせーババア！」を連呼する3年ラムですが、ひそかに『かたくり通信』を楽しみにして、必ず読んでいるようです。時々、「学年が違ってたぞ！」とチェックが入ります。

前回の『かたくり』に出ていた記事で、2年ノリカちゃんが朝、働くお父さんとお母さんを送り出した後、家で一人で留守番をすることが寂しくて、泣きながら学童にきたことを読んだことで、ノリカちゃんの生活を知ったのです。ラムは、工作をしながら、ノリカちゃんに「一人じゃ寂しいね、ドラえもんを見ればいいよ」と励ましていたのです。

『かたくり通信』を通じて、普段接点のない年下のノリカちゃんにラムが関心をもち、寂しさに共感しながら支えようとしているラムの優しさに触れ、胸が熱くなりました。

この場面はこの後の、ラムと激しく向き合う時でも、私の励みになった場面なのです。

かたくり

原市場かたくりクラブ通信

〈こおろぎ号〉

人の痛みに寄り添うこと

学童の子どもたちは、学童通信『かたくり』が発行されると、通信ポケットにかけ寄って、『かたくり』を引っ張り出して、わいわい言いながら読みふけります。

前号『かたくり』で出した2年ノリカちゃんのお留守番の記事を読んだ3年ラムが「ノリカちゃんは、一人で留守番している時間があるんでしょ？　私は、お母さんが家にいても一人で二階に行くのがこわいのに、一人じゃ寂しいよね」

そう、指導員の伊藤ちゃんに話したということを数日前に聞いていました。

数日したある日のこと。この日は、学童祭にむけてキラキラシャボン玉を、4年ミナ、3年ラム、モモちゃん、2年ノリカちゃん、1年サリちゃん、私、伊藤ちゃんの七人で作っていました。ラムは、『かたくり』のことが気になっていたらしく、ノリカちゃんに直接切り出しました。

「ねえ、ノリカちゃんは、学童から家に帰って、どれくらい一人で留守番をしてるの？」

「うーん、1時間くらいかな～…」

「そっか…今日は何曜日だっけ？　木曜日か…今日は、テレビで七時からドラえもんがあるよ！　ノリカちゃん、七時からはドラえもんを見てるといいよ。そしたら、お母さんが帰ってくるまで大丈夫だよ！」

　ラムは、『かたくり』で知ったノリカちゃんの置かれている状況を自分に引き寄せ、ノリカちゃんの寂しさを感じ取り、ノリカちゃんを支えようとしているようでした。

　日ごろ、私を「おい、メタボコーノ！」と呼び、指導員に注意されると「うるせ～、ババア！」と怒鳴りつけ、思い通りにならないと頑として譲らず、毎日男子に混ざって汗にまみれている負けん気の強いラムです。そんなラムが人の痛みを分かろうとし、人の痛みに寄り添っていました。ラムの優しさを垣間見た時、心がじんわりと熱くなりました。

　ラムの言葉にこっくりとうなずいたノリカちゃんにとっても、抱えている寂しさはすぐに消えるわけではないけれど、必ず周りの支えが力になっていくと思えました。

　さまざまな違いを持つ子どもたちが、学童の生活で、感情のやりとりを通して、ぶつかりあったり共感しあったりしながら、他者理解を深めているのだと改めて思えたのです。

✲確かめたいこと

４年になったラムは、さらにイラつき年下の子どもたちを蹴散らすように過ごしていました。わざと指導員の目を引くように走り回り、人の遊びのじゃまをして、「やめて！」と言われると逆切れして「うっせー」と蹴りつける。指導員が声をかけると「うっせー、くそババア！」

それでも声をかけないと、勝手やり放題ということになりかねず、指導員は大きなため息の連続でした。年下の子どもたちが我慢を強いられる生活にするわけにはいかないと、私はラムと向き合います。体も大きくなった力の強いラムに泥を投げられ、蹴られながらも聴き取ったラムの本音。

ラムの中にあった男子仲間への不満と不安が垣間見えてきたことで、みんなで話し合ったのです。子どもと対峙する厳しい局面でも、関わりの中で見つけ出した肯定的な一面（ラムのノリカちゃんへの優しさ）を励みにしながら、信じきることで実践を切り開いていくしかないのです。私は、この日、身体も心もボロボロでしたが、ラム母さんと笑いながら伝え合えたことで救われました。

この日のことが、シュンスケの家でも家族の話題になったようです。「母ちゃん、今日は学童でラムがケンカして大変だったよ」とシュンスケが話すと「あら、ラムは誰とケンカしたの？」と母さん。「もちろんコーノだよ。ラムとケンカできるのはコーノしかいないよ」とシュンスケが言ったので、「子どもと本気でケンカできるコーノがステキだね」と親子で話し合ったと、後日、シュンスケの母さんが大笑いしながら、学童で話してくれました。

かたくり

原市場かたくりクラブ通信

〈風鈴号〉

確かめたいこと

1年カイガとヒノくんが、楽しそうにドミノブロックを組み立ててビー玉転がしのレーンを作っているところに、4年ラムが、仲間たちとはしゃぎながら、通りざまに蹴飛ばして笑い転げながら去りました。

カイガとヒノくんが「何もしてないのに壊されちゃった」納得いかないけれど、抵抗もできないままに、作り直す気持ちも失せて呆然としていました。

私が、ラムのところに行って「カイガとヒノくんが壊されてがっかりしてるよ」と伝えに行くと

「うっせー、メタボ（私のこと）！　そんなことどうでもいいんだよ！」乱暴に言い放ちました。聞く耳は持たないふうに遊びを止めようともせず、私の言葉を跳ね除けました。

ラムは、負い目があるほどに言い諭される状況になると、相手を言葉や暴力で攻撃し、

相手の言葉をさえぎることで自分のやったことをごまかすことがあります。このまま我慢せざるを得ないカイガとヒノくんのことを考えると、ラムと向き合い、カイガとヒノくんの気持ちを伝える必要があると思いました。

「ラム、コーノは、どうでもいいことだとは思わないよ。楽しんでいた遊びを邪魔されたカイガとヒノくんは嫌な気持ちだったんだよ。それも知らんふりして、ブロックだけでなく心まで蹴飛ばされたような気持ちになったカイガとヒノくんを、そのままにしていいわけじゃないと思うよ」

「いちいちうっせーんだよ、メタボ！　だから、こんな学童なんか嫌なんだよ！」

「ラム、自分のやった行動で不愉快な思いをしたカイガとヒノくんの気持ちを、逃げずにちゃんと考える必要があるよ！　ラムの気持ちもちゃんと話していいよ」

ラムの容赦ない攻撃が続く中、

「こんな学童なんかやめてやる。だからこんな学童なんかやめたいんだ！」と叫びました。

「ラムには、いつも誘ったり誘われたりして一緒に遊ぶ仲間も学童にいるじゃん」

そう声をかけると、

「ハヤテ（前年、他県に転校）がいる時はよかったけど、今の仲間は遊ぶけど仲間じゃない」

私は、あざだらけで泥まみれでしたが、ラムの抱えている苛立ちに手が届いたような気がしました。

そこで、遊び仲間たち（ソラ、ユウマ、ユウタ、タカシ、ヨシ他）を呼んで、ラムとのやり取りを話しました。ラムだけでなく、この中からも「ハヤテがいる時はよかった」と、耳にしていました。これをきっかけに、みんなで確認して前に踏み出すきっかけにしたいと思いました。

「ハヤテがいてくれた時は、よかったね…。それは、ハヤテが自分だけ楽しければいいというのではなくて、年下たちを大事にしてくれたからだよね。（みんな、うなずく）楽しいことを見つけながらも周りを大事にしてたんだね。

やりたいことやって、小さい子たちが我慢を強いられるのでは、学童みんなが楽しい生活にはならないはず。ハヤテがいない今は、学童が楽しくなるように考えていくのは、みんな一人ひとりだよ。ハヤテもそう願っていると思う」

学童にとどまりたい願いを持ちながらも他県に転校せざるを得なかったハヤテのことを思い、私もウルウルでした。

しばらく、ラムは本棚の前でタオルケットに包まってうずくまり、自分の気持ちに折り合いをつけた後、仲間たちの遊びに入って行きました。ラムを含めた仲間たちは、カイガとヒノくんのブロックの組み立てに手を貸したり、呼び方を代えてみたり、年下への行動に変化が見えました。

私は、ラムとの格闘であざだらけでしたが、ラムのママに伝えると「ええー、私じゃ、あのラムを抑えられないよ。家で自分を出せない分、学童では思い切り出せてるんだねえ～」「ほんとにラムは、出しすぎだよ！」ママと私は、言いたいことを言って笑い転げたのでした。

数日後、「お台場のお土産」と仲間たちに持ってきたお菓子を「コーノの分も数に入ってるんだ」と、手渡してくれました。散々、悪態をつきながらも、ちゃんと思いを受け取ってくれているようです。

✿ラムの気遣い

ラムが5年になると、1年で入所してきたユウダイとショウヤの兄弟との出会いがありました。ユウダイとショウヤとの出会いで、さらにラムの優しさが引き出されました。

みんなに抱っこしてもらえる甘え上手で人懐っこい弟ユウダイを、ショウヤは羨ましく思っていました。以前に「ユウダイはみんなから好かれているけど、オレは嫌われているかも」とつぶやいたショウヤです。この日も、ラムが座ると、必ずラムの膝の中に座り込んでいくユウダイが羨ましくて、ショウヤもラムの背中に張り付きました。すると、ラムがショウヤの気持ちを察して、ショウヤと遊んでくれました。ショウヤはうれしそうにはしゃいでいました。いまだに、学校から帰ってくるたびに、指導員には「おい、ババア！」なのですが、ラムのこのような細やかな気遣いを感じて、うれしかったのです。

ショウヤの母さんが『かたくり通信』を読むと、目を細めて

「ラムは口は悪いけど、ホントは気持ちの優しい良いヤツなんだよね。私も人に上手に言えないから、ラムを見てると自分を見てるみたいでさ」と言ってラムに声をかけました。

「ラム、ありがとね、いつもユウダイとショウヤの面倒を見てくれて」シャイなラムは

「だって、くっついてくるんだもん」とまんざらでもなさそうな笑顔を見せました。

かたくり

原市場かたくりクラブ通信

〈つたの葉号〉

ラムの気遣い

いつものごとく5年ラムの膝に乗っかって甘える1年ユウダイ…。そこへラムの背中に1年ショウヤがぺったりとしがみつきました。私がユウダイとショウヤに「二人一度にだと、さすがのラムも大変だよ」と声をかけると、ラムが私に「ねえ、コーノがちょっとユウダイを抱っこしていてくれる？」とユウダイを私の膝に置いて、ショウヤ1人をおんぶして、クルクル廻り始めました。ショウヤのうれしそうな表情を見て

「そうか…ショウヤもユウダイみたいにこんなふうに甘えたかったんだね～。いつも周りの人に抱っこされたり、宿題を見てもらったり、面倒を見てもらえるユウダイのことが、うらやましかったんだねえ～。ラムちゃんにおんぶされて、ショウヤ、うれしいね」

と私が声をかけると、ショウヤは何度も大きくうなずきながらニコニコ笑いました。

常日頃よりショウヤは、足の不自由な弟ユウダイの荷物を持ったり、義足を運んだり、自分のことをさて置いてでも、弟ユウダイのことを気にかけて過ごしています。

弟ユウダイが周りのお兄ちゃんお姉ちゃんに手を貸してもらえたり、甘えたりできることを、ショウヤは遠巻きに眺めながら「オレもああしてほしい…」でも自分は弟の面倒を見る側にあると思っているので、ストレートに甘えられないまま、思いを募らせていたようでした。

思いきってラムの背中にしがみついたら、ラムがちゃんとショウヤの思いを察してくれて、「今度は、ショウヤね！」と受け入れてくれたことがショウヤはうれしかったのです。
以前に、「ユウダイは好かれているけど、オレは嫌われているかも…」そうこぼしたショウヤでしたが、ラムに受け止めてもらえたことで、その気持ちは払拭できたと思えるショウヤの笑顔でした。

✤頼りになる存在

ショウヤとユウダイに留まらず、年下の子どもたちが困った時にラムを頼っていました。「ラムと一緒だったら」と年下に頼りにされ、必要とされることで、ラムも成長してきたように思います。

非常勤指導員のマナちゃんは、指導員に悪態をつき、暴れまくっていた頃を思い浮かべながら「あのラムがですよ」と思わず口を突いて出てしまうように、いつのまにかの成長を見せてくれたラムです。

子どもたちが生活の営みや人との関わりの中で、変化・成長していく姿を保護者と共有したい、と思いながら「通信」を書き続けてきました。

子どもは、けして今のままではない。必ず育ちゆく存在なんだということを、こうして子どもたちの姿に学ぶのです。

〈昇り龍号〉

頼りになる存在

校庭から戻ってきた指導員のマナちゃんが「ねえ、コーノせん、聞いてください」と、伝えずにはいられない様子で、私の前に来て、校庭での出来事を話し始めました。

「2年ユウゲツが学校の花壇に植えてあったほとんどの花を引っこ抜いていたので、私が『ユウゲツ、学校で大事に育てている花を引っこ抜いたんだから、学校の先生にごめんなさいをしなくちゃだよ！』と声をかけたんです。

はじめ、ユウゲツは『いやだ！』と言い張ったんだけど『6年ラムと一緒だったら、ごめんなさいを言いに行く』と言いはじめたんです。ラムが快く引き受けてくれて、ユウゲツと一緒に付いて行ってくれたんです。

学校の先生に『ごめんなさい』を自ら言って、話し合いが終わってからも泣きじゃくるユウゲツにラムが『ごめんなさいを言えてえらかったね』と言って抱きしめていたんです。

あのラムが、ですよ。ナンカ、私…感動でした」感動覚めやらずのマナちゃんでした。

「ユウゲツは頼れる存在に支えられている安心が成長につながってるし、ラムもこんなに自分を慕って、頼りにしてくれる年下の存在が、成長させてくれたのかもね」

私もマナちゃんに話しながら、それぞれの成長を確認して喜び合いました。

お迎えのラムママにももちろん、ユウゲツとのやりとりを伝えずにはいられませんでした。

「へえ～、ラム、そうだったの？　私は、兄ちゃんの受験のことでバタバタして、ラムのことをかまってあげられてなかったのにねえ」申し訳なさそうにママが、ラムに語ると「だって、ユウちゃんがずっと泣き止まなかったんだもん」と、ラムはなんてことないそぶり。

最近、ラムは、指導員一人ひとりに「オレが卒業する時に泣くなよ！」と、口癖のように言います。指導員の手がすく頃合を見とどけると「ねえ、のぶえさ～ん（私のこと）、大富豪（トランプ）やろうよ～」

お迎えのお母さんを待たせてまで勝敗に一喜一憂するトランプ対決も、限られた時間なんだと思うと、私は今からウルウルです。

ラムの成長のプロセス

わざと指導員の目を引くように乱暴な言動を周りに投げかけ、指導員が止めに入ると「待ってました！」とばかりに指導員へ攻撃を向けるラムと、何度もぶつかりました。

散々暴れても、落ち着いた頃合いを待ち、じっくりと向き合ってラムの言葉を聴き取ると、内面にある寂しさや不安を話してくれ「自分の思いを受け止めてもらいたい」ラムの願いにたどり着くのでした。

ラムが6年生になって二カ月が経ったころ、ラムの担任の先生が学童に来られました。

「今日、学校で修学旅行の班決めがあり、ラムは自分の思うようにならなくて大暴れしたんです。ラムとどう関わったらいいかわからなくて、自分が担任としても情けなくてショックでした。学童保育でのラムの様子はどうですか？」と話されました。

「先生の気持ちはよくわかります。私も何度もラムとぶつかりながら、心折れる日々を過ごしましたから。でも、ぶつかりながら、相手が本気で自分に向き合ってくれるかどうかを確かめてきているように思えるんです。ラムは人に対する警戒心が強いので、自分を受け入れてくれるか不安なんだと思うのです。

今日、先生が本気でラムに向き合ってくださったことは、きっとラムの先生に対する信頼に変わるはずです。ラムは、学童保育では、高学年になって年下の面倒を良く見てくれる優しさを発揮し、誰よりも年下に慕われているラムに変わってきたんですよ」と私から担任の先生に話すと、先生は涙ぐみながら「安心しました」と学校現場へ戻って行きました。ラムに私から「先生がラムのことを心配して学童に来てくれたのはラムのことを分かろうとしてくれるからだね。素敵な先生でよかったね」と伝えると、ラムはこっくりとうなずきました。

ラムが卒業する時に、担任の先生が「ラムといい関係を持てたのは、学童の指導員さんのおかげでした」と話してくださり、共にラムの成長を喜び合いました。

思いどおりにいかない、意にそぐわないなど些細なことで周りに攻撃的になる子どもが増え、子どもを理解すること、関わりをつくることがむずかしくなっていると感じていますが、それは学校でも共通のようです。

子どもの生活の場として、学校と家庭の真ん中にあるのが学童保育の生活です。子どもたちの一日の生活が分断されることのないように、子どもを真ん中に連携しながら、子どもの健やかな育ちを守る必要性を感じています。学校と学童保育と家庭との連携の中で、子どもたちへの温かなまなざしを深めあっていきたいと思うのです。

ラムの成長を共に見届けて　〜卒所式にて〜

二カ月も前から、ラムは私に「コーノ、オレの卒所式の時に泣くなよ！」と言っていましたが、とうとう卒所式を迎えました。

〈私からラムへのメッセージ〉

六年前に、かわいらしくおさげ髪で入所してきたラム。「うっせーババア！」と、わざと乱暴に言い放ち、周りを蹴飛ばして強がり、とんがっているラムと、何度も何度も向き合ったね。話すと、ラムの根っこにある苛立ちや不安、寂しさにたどり着いて、一緒に泣いたね。

でも、ラムは、一人でお留守番するのが寂しいと泣いた、ノリカちゃんの気持ちをわかって励ます優しさを持っていた。だから、どんな時もラムのことを信じてこられたよ。

高学年になってみごとにラムの持ち味の優しさを発揮したね。ラムが面倒を見てくれた年下の子どもたちが「ラムが卒業するとイヤだな」とつぶやいていたよ。

中学に行っても、たまには学童に『伸枝さ〜ん、大富豪しよう』と遊びにきてね。

ラムは、ウルウルしながらうなずいていました。
ママは挨拶を準備してくれていたのですが、涙で声がつまり、途中で読めなくなりました。

〈ママからのメッセージ〉

学童保育に入所してから六年間、たくさんの経験をさせてもらいました。学童がなかったら、私は仕事を続けてこられなかったと思います。母子家庭で、仕事を終えてお迎えに行った時、遅くて一人の時もあり、ラムには寂しい思いばかりさせてしまった気がします。

でも学童があったからこそ、今まで安心して仕事を続けられたと思っています。

一度言い出したら聞かず、迷惑もかけ、きつい言い方で相手を傷つけていた時期もありました。5年生の終わり頃から精神的に落ち着き、年下の子どもの面倒を見られるまでに成長しました。いつも正面からラムと向き合い、話を聞いたり、ラムのすべてを受け止めて、そばにいてくれた指導員の方たちのおかげだと思っています。これから学童保育がなくて不安ですが、今のラムなら大丈夫だと思います。六年間、ありがとうございました。

ラムのママとは、ラムの不安定な時も共に伝え合い、一緒に悩み考え合いました。そして、落ち着いてきて、年下の子の面倒を見てくれるラムの優しさや細やかさも伝えて、喜び合いました。ラムを一人で育ててきたママと共に、ラムの成長を見守ってきた充実感に浸りながら、ラムの巣立ちの時を見送りました。

クラブ通信Q＆A❸

Q「通信」にはいいことは書けても、悪いことは書けないのですが…。

Aいいことと悪いことの自分自身の捉えかたを検証してみる必要があります。トラブルやぶつかりを「悪いこと」と捉えていませんか？

　トラブルやぶつかりは、子どもたちが成長・発達していく上で大切な経験です。そうした経験の中で、子どもたちは自分を見つめ、他者を理解し、相手に自分の思いを伝えるなど、人と関わる術を広げていくのです。

　まずは「悪いこと」と捉えている自分の視点を振り返ってみる必要があります。

おわりに

3・11東日本大震災が起こるひと月前に、宮城県で行われた学童保育講座で講演をさせていただいた時に、拙著『わたしは学童保育指導員』（二〇〇九年　高文研）を読んでくださったという被災地の指導員さんたちと出会いました。

震災二カ月後に、その被災地の指導員さんたちから「指導員のメンタルケアに来てほしい」との要請を受け、まだ瓦礫が散乱する被災地に行きました。この日初めて指導員同士が集い、あの日のことを初めて語ったという傷ついた指導員も多く、時間の許す限り、みんなで身を寄せ合い、時に涙をこぼしながら共に語らいました。語り合っていくうちに、「これからもこうしてみんなでつながっていこうね」と人とのつながりが希望へと変わっていきました。

その後も、震災で壊滅的な被害を受けた宮城県と岩手県の沿岸部の被災地に出かけ、学童保育の指導員さんたちと研修を通して、改めて学童保育の指導員の仕事の中身を確かめ合ってきました。

津波にのまれながら命からがら助かった指導員さん、大切な家族を亡くした指導員さん、家が流されて避難所暮らしや仮設住宅での生活を余儀なくされている指導員さんもいました。

「目の前の学童保育の子どもたちを守ることに必死で、家族と会えたのは三日後だった」

指導員は、自分も被災しながらも学童保育の子どもたちの命と生活を守りぬきました。この震災を通じて、改めて、学童保育指導員の仕事は「子どもの命と生活を守る仕事」であることが浮き彫りになりました。宮城県で出会った指導員さんは

「私は、津波で家も家族も全て無くしてしまって、私に残されたのは命とこの仕事だけでした。でも、この仕事があったからこそ、今こうして元気でいられます」と涙ながらに話してくれました。人とつながっている実感をもてた時、自分の仕事の価値を見出せた時に、私たち指導員は、また厳しい現実にも立ち向かう勇気が沸き起こります。

日常の学童保育での生活の何気ない一こま一こまに、子どもたちの思いや保護者の思い、指導員の思いがあります。人がつながり生きていることの喜びを、多くの人と共有し合いたいと思うのです。

原市場学童保育のつくり運動から立ち上がる頃の困難な時期を共に乗り越え、今に至るまで支えていただいた大松嶺ちゃんのお父さんが今年四月に亡くなりました。小学校教員

として定年を迎えて三年後のことでした。三年前、かたくりクラブが二十周年を迎えた時に大松さんが記念誌にメッセージを残してくれていました。

当時、施設もお金もなかったのです。だからこそ、「みんなが力を合わせなければ学童保育はつぶれてしまう」と誰しもが口にこそ出しませんでしたが思っていたのです。頼まなくても、自分たちがしなければならないことを、みんなも心得ていました。何もなかった、創って行かざるをえなかった。子どもたちの放課後をなんとしても護ってやりたいとの思いだけが、みんなの胸に燃えていたのだなあと二十年という時を経て思うのです。何もなかったけれど、価値あるものを創る戦いに参加することが出来たことは僕らの喜びとするものです。

子どもたちの放課後の生活を守ろうと、学童保育をつくり発展させてきた保護者たちの願いに応えるために、指導員として学童保育の役割を果たすための指導員の仕事の意味と価値を問い続け、実践を通して内外に発信していこうと思うのです。「コーノせん、『かたくり通信』を是非に本にして！」と応援し、待ち望んでくださった原市場学童かたくりクラブの保護者ＯＢの方たち、本の出版への理解をし、喜んでくださった現保護者の皆さんや指導員仲間の存在に支えられながら、私の二冊目の本の出版にこぎつけました。

現保護者会会長でもある6年シュンスケの母さんは学童に来ない日はないくらいに毎日子どもや指導員のそばにいて語りかけてくれます。そんなシュンスケの母さんが、この本の子どもたちの写真を提供してくれました。これまで出会ってきた子どもたちや保護者たち、指導員仲間たちが、私に多くの学びを与えてくれました。感謝と出会いの喜びを込めて、ありがとう。

高文研（社長）飯塚直さんは、いつも私のつたない実践を、幾度となく涙しながら聞いてくださいました。今、本の出版が難しい事情のもとにおかれているにも拘わらず、前回の『わたしは学童保育指導員』に引き続き「コーノさん、ぜひ本にしましょうよ」と私の背中を後押しし続けて下さいました。私の日程に合わせての短期間での無謀なチャレンジだったにも拘わらず、完成にこぎつけることができたのは、高文研編集部小林彩さんのおかげです。心からお礼と感謝を申し上げます。

二〇一二年一〇月

河野　伸枝

河野伸枝（こうの・のぶえ）

1959 年、鹿児島県南さつま市生まれ。幼稚園教諭を経て、1990 年、埼玉県原市場学童保育指導員となる。全国学童保育連絡協議会副会長。埼玉県学童保育連絡協議会副会長。著書に、『わたしは学童保育指導員』（高文研）、共著に『子どもの発達と学童保育』（福村出版）教育シリーズ『貧困と学力』（明石書店）『学童保育はじめの一歩』（草土文化）他、雑誌『日本の学童ほいく』（全国学童保育連絡協議会）『教育』（かもがわ出版）に寄稿。学童仲間たちとの宴会が何よりの楽しみ。

子どもも親もつなぐ
学童保育クラブ通信

●二〇一二年一〇月一〇日——第一刷発行

著　者／河野伸枝

発行所／株式会社 高文研
東京都千代田区猿楽町二－一－八
三恵ビル（〒一〇一－〇〇六四）
電話03＝3295＝3415
http://www.koubunken.co.jp

印刷・製本／シナノ印刷株式会社

★万一、乱丁・落丁があったときは、送料当方負担でお取りかえいたします。

著者写真：真田祐氏提供

ISBN978-4-87498-493-2　C0037